Das Gebot der Rücksichtnahme und Drittschutz im Bauplanungsrecht

Europäische Hochschulschriften
Publications Universitaires Européennes
European University Studies

Reihe II
Rechtswissenschaft

Série II Series II
Droit
Law

Bd./Vol. 4209

PETER LANG
Frankfurt am Main · Berlin · Bern · Bruxelles · New York · Oxford · Wien

Felix Pauli

Das Gebot der Rücksichtnahme und Drittschutz im Bauplanungsrecht

PETER LANG
Europäischer Verlag der Wissenschaften

Bibliografische Information Der Deutschen Bibliothek
Die Deutsche Bibliothek verzeichnet diese Publikation in der Deutschen Nationalbibliografie; detaillierte bibliografische Daten sind im Internet über <http://dnb.ddb.de> abrufbar.

Zugl.: Münster, Univ., Diss., 2004

Dissertation der Rechtswissenschaftlichen Fakultät der Westfälischen Wilhelms-Universität zu Münster

Erster Berichterstatter:	Prof. Dr. Hans D. Jarass, LL.M.
Zweiter Berichterstatter:	Prof. Dr. Janbernd Oebbecke
Dekanin:	Prof.'in Dr. Ursula Nelles
Tag der mündlichen Prüfung:	02.11.2004

D 6
ISSN 0531-7312
ISBN 3-631-54080-9

www.peterlang.de

Vorwort

Die vorliegende Arbeit wurde im Wintersemester 2004/2005 von der Rechtswissenschaftlichen Fakultät der Westfälischen Wilhelms-Universität Münster als Dissertation angenommen. Rechtsprechung und Literatur sind für die Veröffentlichung bis einschließlich Mai 2004 berücksichtigt. Die hier im Schwerpunkt untersuchten bauplanungsrechtlichen Normen der §§ 34 Abs. 1, 35 Abs. 3 S. 1 Nr. 3 und 31 Abs. 2 BauGB sowie § 15 Abs. 1 BauNVO wurden von der zum 23.9.2004 bekannt gemachten Änderung des BauGB nicht berührt.

Mein besonderer Dank gilt meinem Doktorvater, Herrn Prof. Dr. Hans D. Jarass, LL. M., der mir während der Anfertigung der Arbeit mit größtmöglicher Unterstützung zur Seite stand und dessen Rat ich jederzeit einholen konnte. Ferner danke ich Herrn Prof. Dr. Janbernd Oebbecke für die Erstellung des Zweitgutachtens.

Köln, im März 2005

Felix Pauli

Inhaltsverzeichnis

Abkürzungsverzeichnis

a.A.	anderer Ansicht
a.F.	alte Fassung
Abs.	Absatz
AgrarR	Agrarrecht (Zeitschrift)
Anm.	Anmerkung
AöR	Archiv des öffentlichen Rechts (Zeitschrift)
Art.	Artikel
BauGB	Baugesetzbuch
BauNVO	Baunutzungsverordnung
BauO NRW	Bauordnung für das Land Nordrhein-Westfalen
BauR	Baurecht (Zeitschrift)
BayVBl.	Bayerische Verwaltungsblätter (Zeitschrift)
BBauG	Bundesbaugesetz
BImSchG	Bundesimmissionsschutzgesetz
BRS	Baurechtssammlung (Zeitschrift)
BVerwG	Bundesverwaltungsgericht
BVerwGE	Entscheidungen des Bundesverwaltungsgerichts
bzw.	beziehungsweise
ders.	derselbe
DÖV	Die öffentliche Verwaltung (Zeitschrift)
DVBl.	Deutsches Verwaltungsblatt (Zeitschrift)
Einl.	Einleitung
f.	folgende/r (Seite, Paragraph)
ff.	folgende (Seiten, Paragraphen)
Fn.	Fußnote
FS	Festschrift
GewArch	Gewerbearchiv (Zeitschrift)
GG	Grundgesetz

Hs.	Halbsatz
IBR	Immobilien- & Baurecht (Zeitschrift)
i.d.F.	in der Fassung
i.V.m.	in Verbindung mit
JA	Juristische Arbeitsblätter (Zeitschrift)
JuS	Juristische Schulung (Zeitschrift)
JZ	Juristenzeitung (Zeitschrift)
n.F.	neue Fassung
NJW	Neue Juristische Wochenschrift (Zeitschrift)
Nr.	Nummer
NuR	Natur und Recht (Zeitschrift)
NVwZ	Neue Zeitschrift für Verwaltungsrecht (Zeitschrift)
NVwZ-RR	NVwZ-Rechtsprechungs-Report (Zeitschrift)
OVG	Oberverwaltungsgericht
Rn.	Randnummer
S.	Seite
S.	Satz
sog.	sogenannte
UPR	Umwelt- und Planungsrecht (Zeitschrift)
Var.	Variante
VerwArch	Verwaltungsarchiv (Zeitschrift)
VGH	Verwaltungsgerichtshof
Vgl.	Vergleiche
Vor./Vorbem.	Vorbemerkung
ZfBR	Zeitschrift für deutsches und internationales Baurecht

A) Einleitung

1) Objektiv-rechtliche Seite des Rücksichtnahmegebots

Das Rücksichtnahmegebot fordert bei der Verwirklichung eines Bauvorhabens einen angemessenen Ausgleich zwischen den Belangen des Bauherrn und denen der Nachbarn.[1] Zu diesem Zweck ermöglicht es der Baugenehmigungsbehörde, die Zulassung eines Vorhabens zu versagen, wenn nach den jeweiligen Umständen unzumutbare Auswirkungen auf die Umgebung zu befürchten sind.[2] Die Unzumutbarkeit bestimmt sich gemäß dem Urteil des BVerwG vom 25.2.1977 nach einer Interessenabwägung im Einzelfall:

„Je empfindlicher und schutzwürdiger die Stellung derer ist, denen die Rücksichtnahme im gegebenen Zusammenhang zugute kommt, um so mehr kann an Rücksichtnahme verlangt werden. Je verständlicher und unabweisbarer die mit dem Vorhaben verfolgten Interessen sind, um so weniger braucht derjenige, der das Vorhaben verwirklichen will, Rücksicht zu nehmen. Bei diesem Ansatz kommt es für die sachgerechte Beurteilung des Einzelfalles wesentlich auf eine Abwägung zwischen dem an, was einerseits dem Rücksichtnahmebegünstigten und andererseits dem Rücksichtnahmepflichtigen nach Lage der Dinge zuzumuten ist."[3]

Die so beschriebene, objektiv-rechtliche Rücksichtnahmepflicht stellt nach Auffassung des BVerwG kein das gesamte Bauplanungsrecht überwölbendes, allgemeines Gebot dar, welches über den Vorschriften des Städtebaurechts steht.[4] Vielmehr ist das Rücksichtnahmegebot Bestandteil einzelner gesetzlicher Vorschriften.[5]

---

1 BVerwG, DVBl. 1981, 928, 930; Dürr, DÖV 2001, 625, 628.
2 Roeser, in: Berliner Kommentar, Vor §§ 29-38, Rn. 30; Decker, JA 2003, 246, 249.
3 BVerwGE 52, 122, 126.
4 BVerwG, DVBl. 1987, 476, 477; BVerwG, DVBl. 1999, 101, 102; vgl. Roeser, in: Berliner Kommentar, Vor §§ 29-38, Rn. 31.
5 BVerwG, DVBl. 1985, 122; BVerwGE 89, 69, 78; BVerwG, NVwZ 1999, 879, 880; Brohm, Öffentliches Baurecht, 364; Stüer, Der Bebauungsplan, E, Rn. 586.

So geht es nach der Rechtsprechung für die nach § 34 Abs. 1 BauGB zu entscheidenden Fälle im Tatbestandsmerkmal des Einfügens („*in die Eigenart der näheren Umgebung*“) auf.[6]

Vorhaben im Außenbereich können an einem Entgegenstehen bzw. einer Beeinträchtigung öffentlicher Belange nach § 35 Abs. 3 S. 1[7] scheitern. Dabei sah die frühere Rechtsprechung des BVerwG das Gebot der Rücksichtnahme als einen unbenannten öffentlichen Belang in diesem Sinne an.[8] Sie verwies darauf, dass § 35 Abs. 3 S. 1 („*insbesondere*“) die öffentlichen Belange nicht abschießend aufzählt.[9] Bezogen auf Immissionskonflikte betrachtete das Gericht § 35 Abs. 3 S. 1 Nr. 3 („*schädliche Umwelteinwirkungen*“) als eine besondere gesetzliche Ausprägung des Rücksichtnahmegebots.[10]
In jüngerer Zeit zieht das BVerwG zur Ableitung des Rücksichtnahmegebots in Außenbereichsfällen nur noch § 35 Abs. 3 S. 1 Nr. 3 heran.[11]

Im Falle einer Befreiung von den Festsetzungen eines Bebauungsplans gem. § 31 Abs. 2 kommt das Rücksichtnahmegebot nach der Rechtsprechung des BVerwG in der angeordneten „*Würdigung nachbarlicher Interessen*“ zum Ausdruck.[12]

Ferner stellt sich § 15 Abs. 1 S. 1, 2 BauNVO (Widerspruch zur „*Eigenart des Baugebiets*“ bzw. unzumutbare „*Belästigungen oder Störungen*“) nach Ansicht des BVerwG als eine besondere Normierung des Rücksichtnahmegebots dar.[13]

Wie sich aus den angeführten Entscheidungen ergibt, verankert das Gericht das Gebot der Rücksichtnahme in den in Rede stehenden bauplanungsrechtlichen

---

6 BVerwG, DVBl. 1981, 928, 929; BVerwG, UPR 1983, 168; BVerwG, NVwZ 1987, 128, 129; BVerwG, DVBl. 1992, 1101; BVerwG, NVwZ 1996, 888; BVerwG, NVwZ 1999, 523, 525; BVerwG, NVwZ 1999, 879, 880.

7 Paragraphen ohne Gesetzesangabe sind solche des BauGB (i .d. F. vom 23.9.2004).

8 Vgl. BVerwGE 28, 268, 274; BVerwGE 52, 122, 125.

9 Vgl. BVerwG, NVwZ 1983, 609, 610.

10 BVerwG, ZfBR 1994, 142 f.

11 Vgl. BVerwG, NVwZ 2000, 552, 553; BVerwG, NVwZ-RR 2002, 329.

12 BVerwG, DVBl. 1985, 122, 123; BVerwG, DVBl. 1987, 476, 477; BVerwGE 82, 343, 347; BVerwG, NVwZ 1996, 170, 171; BVerwG, BauR 1998, 1206, 1207.

13 BVerwGE 67, 334, 338 f.; BVerwG, DVBl. 1985, 122; BVerwGE 82, 343, 345; BVerwG, NVwZ 1996, 379, 380; BVerwG, NVwZ 1999, 298; BVerwG, NVwZ-RR 1999, 226, 227; BVerwG, NVwZ 2000, 1050, 1051.

Normen.[14] Damit inkorporiert es zugleich die von ihm entwickelten Abwägungsgrundsätze in diese Vorschriften.[15]
Dieses Bestreben nach einer tatbestandlichen Anbindung ist grundsätzlich sachgerecht, da die oben zitierten Tatbestandsmerkmale – jedenfalls auf den ersten Blick – verlangen, dass Bauherr und Baugenehmigungsbehörde objektiv-rechtlich Rücksicht auf die Umgebungsbebauung nehmen.[16]

2) Subjektiv-rechtliche Seite des Rücksichtnahmegebots

Drittschutz kommt dem Rücksichtnahmegebot bzw. vielmehr den Vorschriften, in denen dieses verankert ist, nach dem Grundsatzurteil des BVerwG vom 25.2.1977 zu,

„soweit in qualifizierter und zugleich individualisierter Weise auf schutzwürdige Interessen eines erkennbar abgegrenzten Kreises Dritter Rücksicht zu nehmen ist."[17]

Dazu führt der Senat weiter aus, dass dies erstens der Fall ist,

„soweit in dadurch qualifizierter und zugleich individualisierter Weise auf besondere Rechtspositionen Rücksicht zu nehmen ist, und dass zweitens ein solcher Fall auch dann gegeben sein kann, wenn unabhängig von der besonderen rechtlichen Schutzwürdigkeit der Betroffenen ihr Betroffensein wegen der gegebenen Umstände so handgreiflich ist, dass dies die notwendige Qualifizierung, Individualisierung und Eingrenzung bewirkt."[18]

Das Gericht vertritt seitdem in ständiger Rechtsprechung, dass den oben genannten bauplanungsrechtlichen Normen drittschützende Wirkung nur nach Maßgabe dieser von ihm aufgestellten Kriterien zukommt.[19]

---

14 Vgl. Krebs, FS Hoppe, 1055, 1059 f.
15 Vgl. Schmidt-Preuß, Privatinteressen, 46 f.
16 Vgl. Roeser, in: Berliner Kommentar, Vor §§ 29-38, Rn. 32 f.
17 BVerwGE 52, 122 (vierter Leitsatz).
18 BVerwGE 52, 122, 131.
19 Vgl. BVerwG, DVBl. 1981, 928, 929; BVerwG, UPR 1983, 168; BVerwG, NVwZ 1987, 128, 129 (alle zu § 34 Abs. 1); BVerwG, UPR 2001, 76 (zu § 35 Abs. 3 S. 1 Nr. 3); BVerwG, DVBl. 1985, 122, 123; BVerwG, DVBl. 1987, 476, 478; BVerwGE 82, 343, 347; BVerwG, BauR 1998, 1206, 1207 (alle zu § 31 Abs. 2); BVerwGE 67, 334,

Es fällt auf, dass im Gegensatz zu den Maßstäben, die das Gericht zur objektiv-rechtlichen Seite des Rücksichtnahmegebots entwickelt hat, sich keines der für eine Subjektivierung maßgeblichen Kriterien aus den in Rede stehenden Normen ergibt. In den angesprochenen Normen finden sich keine Anhaltspunkte dafür, dass eine vom Nachbarn zu seinen Gunsten angeführte besondere Rechtsposition oder eine aufgrund der tatsächlichen Umstände gegebene handgreifliche Betroffenheit des selben Voraussetzung für eine drittschützende Wirkung der Norm sein sollen.

Nachfolgend soll daher der Frage nachgegangen werden, was die Rechtsprechung dazu bewogen hat, die oben zitierten Kriterien für eine Subjektivierung der das Rücksichtnahmegebot enthaltenden Normen aufzustellen.[20]
Im Anschluss daran wird die Arbeit die weitere Entwicklung der Rechtsprechung des BVerwG zur subjektiv-rechtlichen Seite des Rücksichtnahmegebots in den Blick nehmen und davon ausgehend deren Vereinbarkeit mit der heutigen Dogmatik des subjektiven öffentlichen Rechts in der baurechtlichen Judikatur des Gerichts überprüfen.[21]

339; BVerwG, BauR 1986, 414, 416; BVerwGE 82, 343, 347 (alle zu § 15 Abs. 1 BauNVO).
Eine erstmalige Ausnahme von dem Grundsatz, dass diese Vorschriften Drittschutz nur über das Gebot der Rücksichtnahme vermitteln, enthält der Beschluss des BVerwG vom 13.5.2002 (NVwZ 2002, 1384 f.) hinsichtlich § 15 Abs. 1 S. 1 BauNVO; siehe dazu B III 1 d und D IV.

20 Siehe B I, II.

21 Siehe B III.

B) Die Entwicklung der Rechtsprechung im bauplanungsrechtlichen Drittschutz

I) Die frühere Rechtsprechung zum Drittschutz aus einfachrechtlichen Normen sowie aus Art. 14 Abs. 1 GG

Die Entwicklung des drittschützenden Rücksichtnahmegebots und damit die subjektiv-rechtliche Anreicherung einzelner bauplanungsrechtlicher Normen ist nur vor dem Hintergrund der früheren Rechtsprechung des BVerwG zum Nachbarschutz im Bauplanungsrecht verständlich.
Ausgangspunkt ist dabei die vom BVerwG früher vertretene „strenge" Schutznormtheorie. Danach kam einer Norm drittschützender Charakter nur dann zu, wenn sie einen bestimmten, abgrenzbaren und überschaubaren Kreis von Berechtigten klar erkennen ließ.[22] Grund für diese Rechtsprechung war das Schutzbedürfnis des Bauherrn, der ein massives Interesse an der Bestandskraft seiner Baugenehmigung hat und für den daher der Kreis der potentiell Anfechtungsberechtigten erkennbar sein muss.[23]

Auf dieser Grundlage wurden im Bebauungsplanbereich die Vorschriften des § 31 Abs. 2 BBauG a.F.[24] und des § 15 Abs. 1 BauNVO[25] in der früheren Rechtsprechung des BVerwG als nicht nachbarschützend angesehen, da sie nach Auffassung des Gerichts keinen derart abgegrenzten Personenkreis erkennen ließen. Im Übrigen wurde Drittschutz nur dort angenommen, wo der Plangeber dies in einzelnen planerischen Festsetzungen bewusst geregelt hatte.[26]

Im nicht beplanten Bereich wurde § 34 Abs. 1 BBauG a.F.,[27] § 34 Abs. 3 BBauG a.F.[28] (Vorläufer des heutigen § 34 Abs. 2 BauGB) sowie § 35 Abs. 2 BBauG a.F.[29] ebenfalls keine Schutzrichtung zugunsten eines individualisierten Adressatenkreises zuerkannt.

---

22 BVerwGE 27, 29, 33; BfVerwGE 28, 268, 275 f.; BVerwGE 32, 173, 175.
23 Vgl. BVerwGE 27, 29, 33; Schmidt-Preuß, Privatinteressen, 87; Kraft, VerwArch 89 (1998), 264, 267 f.
24 BVerwG, DVBl. 1983, 348.
25 BVerwG, DVBl. 1974, 358, 361.
26 BVerwGE 27, 29, 33; BVerwG, DVBl. 1974, 358, 361.
27 BVerwGE 32, 173, 176 f.
28 BVerwG, UPR 1986, 140, 141.
29 BVerwGE 28, 268, 273 ff.

Lediglich der Inhaber einer Privilegierung nach § 35 Abs. 1 BBauG a.F. konnte Nachbarschutz für sich in Anspruch nehmen, sofern ein hinzukommendes Vorhaben seine bereits verwirklichte Nutzung (Grundsatz der Priorität) in Frage stellte oder gewichtig beeinträchtigte.[30]

Aufgrund dieses nur in wenigen Fällen einschlägigen einfachrechtlichen Drittschutzes blieb häufig nur der Rückgriff auf Art. 14 Abs. 1 GG: Der Nachbarschutz wegen Eigentumsverletzung unmittelbar aus Art. 14 Abs. 1 GG griff nach der Rechtsprechung im Falle einer objektiv rechtswidrigen Baugenehmigung ein, wenn die Genehmigung bzw. deren Ausnutzung die vorgegebene Grundstückssituation nachhaltig veränderte und dadurch der Nachbar schwer und unerträglich getroffen wurde.[31] Im Gegensatz zu der an der jeweiligen Norm orientierten, abstrakt-generellen Abgrenzung eines geschützten Personenkreises nach der „strengen" Schutznormtheorie, erfolgte hier die Individualisierung nach dem konkret-individuellen Merkmal der Betroffenheit.[32]

II) Das Rücksichtnahmegebot

1) Grundsätzlich kein Drittschutz

Infolge der Anwendung der „strengen" Schutznormtheorie bei der Bestimmung drittschützender Normen des einfachen Rechts sowie der hohen Hürde[33] der schweren und unerträglichen Betroffenheit beim eigentumsrechtlichen Nachbarschutz aus Art. 14 Abs. 1 GG war der bauplanungsrechtliche Drittschutz in der damaligen Rechtsprechung des BVerwG nur sehr unzureichend ausgebaut.[34]

---

30 BVerwG, DVBl. 1969, 263, 264; Kraft, VerwArch 89 (1998), 264, 271.

31 BVerwGE 32, 173, 178 f.; BVerwG DVBl. 1974, 358 ff.; BVerwGE 50, 282, 286 ff; vgl. auch Bönker, DVBl. 1994, 506 ff.

32 Kraft, VerwArch 89 (1998), 264, 271.

33 Vgl. Alexy, DÖV 1984, 953, 954; Jäde, JuS 1999, 961, 962.

34 Vgl. Roeser, in: Berliner Kommentar, Vor §§ 29 bis 38, Rn. 27 f.; Kraft, VerwArch 89 (1998), 264, 271 f.; Krebs, FS Hoppe, 1055, 1058 f.; Marburger, Gutachten, C 33.

Eine Wende in dieser restriktiven Nachbarschutzjudikatur stellt das Urteil des BVerwG vom 25.2.1977[35] dar:
Kläger sind die Inhaber von Einfamilienhäusern, die sich gegen die Genehmigung zur Errichtung eines nach § 35 Abs. 1 BBauG a.F. zu beurteilenden Schweinemaststalles in ihrer Nähe wenden. Das Gericht hält es für möglich, dass das Vorhaben das Gebot der Rücksichtnahme verletzt. Dieses sieht es als einen ungeschriebenen öffentlichen Belang nach § 35 Abs. 3 BBauG a.F. an,[36] hat ihm allerdings bisher ausschließlich objektiv-rechtliche Bedeutung beigemessen.[37]

Der Senat wirft nunmehr die Frage auf, ob den Klägern daraus subjektive Recht erwachsen würden. Das wäre der Fall, wenn der betreffende Rechtssatz nicht ausschließlich öffentlichen Interessen, sondern – zumindest auch – Individualinteressen zu dienen bestimmt ist.[38] Das Gericht betont, dass es dabei gegebenenfalls einer Differenzierung von Tatbestandsmerkmal zu Tatbestandsmerkmal der in Rede stehenden Norm bedarf.[39] Demzufolge untersucht es das – seiner Ansicht nach – in § 35 Abs. 3 BBauG a.F. verankerte Gebot der Rücksichtnahme auf dessen drittschützenden Gehalt.[40]
Obwohl das Gericht zugibt, dass – auf den ersten Blick – ein Gebot der Rücksichtnahme auf die Interessen anderer schwerlich nur objektiv-rechtliche Bedeutung haben könne, verneint es grundsätzlich doch dessen drittschützenden Charakter. Grund dafür ist die auch hier konsequent angewandte „strenge" Schutznormtheorie. An dem von dieser geforderten (von der Norm her) bestimmten und abgrenzbaren Kreis der Berechtigten fehle es, *„soweit sich das Gebot der Rücksichtnahme auf eine nicht weiter personifizierbare Rücksichtnahme im allgemeinen richtet."*[41]
Dem Senat ist folglich das Gebot der Rücksichtnahme im Grundsatz noch zu weit gefasst, als dass sich daraus ein individualisierbarer und nicht übermäßig weiter Kreis von Berechtigten entnehmen lasse. Er rechtfertigt dieses Abgrenzbarkeitserfordernis wiederum mit dem Schutzbedürfnis des Bauherrn, dem nicht zugemutet werden könne, über Jahre hinweg nicht auf den Bestand

35 BVerwGE 52, 122 ff.
36 BVerwGE 52, 122, 125.
37 Vgl. BVerwGE 28, 268, 274 f.
38 BVerwGE 52, 122, 128.
39 BVerwGE 52, 122, 128.
40 Vgl. BVerwGE 52, 122, 128 f.
41 BVerwGE 52, 122, 129.

seiner Baugenehmigung vertrauen zu können, da er den Kreis der Anfechtungsberechtigten nicht überblicken kann.[42]

2) Qualifizierende und individualisierende Umstände

Indem das BVerwG feststellt, dem Rücksichtnahmegebot komme *„grundsätzlich"* keine drittschützende Funktion zu,[43] deutet es schon an, dass dies nicht in jedem Fall so sein muss. Zu den damit angesprochenen Ausnahmen führt das Gericht fort, dem Gebot der Rücksichtnahme müsse *„bei einem Hinzutreten besonderer, die Pflicht zur Rücksichtnahme qualifizierender und damit zugleich individualisierender Umstände...eine drittschützende Wirkung zuerkannt werden."*[44]

a) Kriterium der besonderen Rechtsposition

Es fragt sich, was mit den hinzutretenden Umständen gemeint ist, die eine Subjektivierung des Rücksichtnahmegebots zur Folge haben. Das BVerwG beruft sich an dieser Stelle[45] ausdrücklich auf einen Aufsatz *Weyreuthers*:
Der für die in Rede stehende Entscheidung des BVerwG als wegbereitend bezeichnete[46] Aufsatz sieht das Gebot der Rücksichtnahme, der „strengen" Schutznormtheorie des BVerwG folgend, als grundsätzlich nicht drittschützend an. Die Pflicht zur Rücksichtnahme auf eine nicht genau bestimmte Umgebung genüge dem Abgrenzbarkeitskriterium nicht.[47]
Weyreuther hält im Grundsatz an der Prämisse fest, dass sich Nachbarschutz aus der für das zuzulassende Vorhaben maßgeblichen Genehmigungsvorschrift ergeben müsse, sofern diese einen bestimmten Kreis von Begünstigten bezeichne. Er wirft jedoch nachfolgend die Frage auf, ob nicht zu diesem Sichtbarkeitserfordernis eine andere Norm beitragen könne, indem sie das belästigte Grundstück durch die Zuerkennung einer Privilegierung *„aus der Anonymität der nur allgemeinen Umgebung heraushebt und auf diese Weise sichtbar werden lässt"*[48]

---

42 Vgl. Schmidt-Preuß, Privatinteressen, 88.
43 Vgl. BVerwGE 52, 122, 128 f.
44 BVerwGE 52, 122, 129 f.
45 Vgl. BVerwGE 52, 122, 130.
46 Vgl. Battis, FS Weyreuther, 305, 310; Kraft, VerwArch 89 (1998), 264, 272; Peine, DÖV 1984, 963, 964.
47 Weyreuther, BauR 1975, 1, 7.
48 Weyreuther, BauR 1975, 1, 7 f.

Nachbarschutz wird herkömmlich gegen etwas gewährt. Von daher richtet sich der Blick ausschließlich auf die das belästigende Vorhaben regelnde Vorschrift. Diese wird zunächst darauf untersucht, ob sie objektiv-rechtlich verletzt ist, um sodann nach ihrem drittschützenden Charakter befragt zu werden.
Weyreuther sieht diese Herangehensweise als zu einseitig an. Sie gebe dem beeinträchtigten Nachbarn keine Möglichkeit, seine unter Umständen rechtlich besonders geschützte Position in die Würdigung einzubringen. Es müsse daher in diesen Fällen einer gesetzlichen Privilegierung des belästigten Grundstücks auch Nachbarschutz wegen etwas gewährt werden.[49]
An dieser Stelle kommt nach *Weyreuther* das Gebot der Rücksichtnahme zur Geltung, sofern dieses in der das zu genehmigende Vorhaben betreffenden Norm verankert ist. Indem nämlich Rücksichtnahme auf die Umgebung angeordnet wird, findet diese Umgebung auch hinsichtlich ihrer rechtlichen Qualität und der diese Qualität begründenden Vorschriften Beachtung. Wenn in einem solchen Fall das belästigte Grundstück rechtlich besonders geschützt ist, bewirkt diese Privilegierung die erforderliche Qualifizierung und Individualisierung. Dem Sichtbarkeitserfordernis wäre damit genügt.[50]

Weyreuther untermauert seine Argumentation mit dem Hinweis auf die damalige Rechtsprechung zum Nachbarschutz aus § 35 Abs. 1 BBauG a.F.[51]
Hier richtet das BVerwG bereits den Blick auf den klagenden Nachbarn und die Vorschrift, die für sein Grundstück maßgeblich ist. Da dieser sich auf eine Privilegierung aus § 35 Abs. 1 BBauG a.F. stützen kann, gewährt das Gericht ihm einen Anspruch *„auf ungehinderte Ausnutzung des privilegierten Bestandes"*,[52] allerdings ohne dabei auf den Begriff der Rücksichtnahme zurückzugreifen. Der maßgebliche Gedanke *Weyreuthers*, dass Nachbarschutz nicht nur gegen ein geplantes Vorhaben, sondern auch zugunsten eines benachbarten Grundstückes stattfindet, ist also auch der damaligen Rechtsprechung nicht fremd.
Auch das BVerwG greift in der Entscheidung vom 25.2.1977 die soeben erwähnte Rechtsprechung auf und verweist darauf, dass hinzutretende Umstände – hier die besondere rechtliche Privilegierung des Klägers – auch schon in seiner bisherigen Judikatur zum Nachbarschutz Berücksichtigung fanden.[53]

---

49 Weyreuther, BauR 1975, 1, 8.
50 Weyreuther, BauR 1975, 1, 8 f.
51 Weyreuther, BauR 1975, 1, 9.
52 BVerwG, DVBl. 1969, 263, 264.
53 BVerwGE 52, 122, 130.

Das Gericht bemüht des weiteren den Vergleich mit seiner Rechtsprechung zum Nachbarschutz unmittelbar aus Art. 14 Abs. 1 GG. Auch hier liegt die Betonung auf der vom klagenden Nachbarn in die Würdigung eingebrachten Rechtsstellung. Während dabei *„die außergewöhnliche Schwere des Eingriffs hinreichend individualisierend wirkt"*,[54] ist es in den Fällen der Privilegierung diese besondere, rechtlich anerkannte Schutzwürdigkeit, die ein benachbartes Grundstück aus der allgemeinen Umgebung hervorhebt. In beiden Konstellationen ist dem zentralen Anliegen dieser Rechtsprechung, dem Schutzbedürfnis des Bauherrn, dadurch Rechnung getragen, dass für diesen der Kreis der potentiellen Kläger erkennbar ist.

b) Kriterium der handgreiflichen Betroffenheit

Neben der durch das Gesetz besonders herausgehobenen Position des Klägers anerkennt die Entscheidung vom 25.2.1977 als zweiten Umstand, dessen Hinzutreten die Pflicht zur Rücksichtnahme qualifiziert und individualisiert, eine sich im Einzelfall aufdrängende handgreifliche Betroffenheit des Nachbarn.[55] Das Gebot der Rücksichtnahme entfaltet danach drittschützende Wirkung, sofern *„die tatsächlichen Umstände geradezu handgreiflich ergeben, welcher – enge – Kreis von Betroffenen als Adressaten der Rücksichtnahme in Betracht kommt."*[56]

Mit dieser Begründung billigt das Gericht in dem zu entscheidenden Fall den Klägern, die sich nicht auf eine privilegierte Rechtsposition berufen können, Drittschutz zu. Dem Bauherrn sei der Kreis der Klagebefugten erkennbar, da sie *„nach Lage der Dinge als praktisch einzig Betroffene mit ihren Bauwerken sozusagen vor der Tür des Genehmigungsempfängers liegen."*[57] Insofern sieht das Gericht den Schutz des Bauherrn als gewahrt an, wenn nur ganz bestimmte Nachbarn aufgrund ihrer räumlichen Lage zu seinem Vorhaben als durch das Rücksichtnahmegebot Drittbegünstigte in Frage kommen.

---

54 BVerwGE 52, 122, 130.
55 BVerwGE 52, 122, 130 f.
56 BVerwGE 52, 122, 130.
57 BVerwGE 52, 122, 131.

III) Die weitere Entwicklung der Rechtsprechung

1) Einfachrechtlicher Drittschutz

a) Vom Grundsatzurteil zur ständigen Rechtsprechung

In der Folge des Urteils vom 25.2.1977[58] zieht das BVerwG die von ihm darin aufgestellten Grundsätze der Qualifizierung und Individualisierung in ständiger Rechtsprechung[59] zur Begründung der drittschützenden Wirkung der in Rede stehenden, das Rücksichtnahmegebot enthaltenden Normen heran.[60]
Das Gericht zitiert dabei aus dem angesprochenen Urteil in der Regel dessen vierten Leitsatz (siehe unter A 2),[61] jedoch auch die diesbezüglichen Urteilsgründe auf den Seiten 130, 131.[62]

Der Senat handhabt die ursprünglich zu § 35 Abs. 3 BBauG a.F. entwickelten Kriterien für eine Subjektivierung des Rücksichtnahmegebots somit tatbestandsübergreifend.[63] Er stellt diesbezüglich in einem Urteil zur drittschützenden Wirkung von § 15 Abs. 1 BauNVO ausdrücklich klar, dass nach dieser Norm Drittschutz unter den gleichen Voraussetzungen zu gewähren sei, wie bei entsprechenden Beeinträchtigungen im unbeplanten Innenbereich und im Außenbereich.[64] *Breuer* bezeichnet dieses Vorgehen des Gerichts als eine Missachtung der einfachgesetzlichen Tatbestände.[65]

Teilweise verlangt die Rechtsprechung auch eine besondere „*Schutzwürdigkeit*" des klagenden Nachbarn, um dem Gebot der Rücksichtnahme im Einzelfall einen drittschützenden Charakter zuzuerkennen.[66]

---

58 BVerwGE 52, 122.
59 Vgl. Bönker, DVBl. 1994, 506, 509 (Fn. 37).
60 Vgl. BVerwG, DVBl. 1981, 928, 929 f.; BVerwG, UPR 1983, 168 (alle zu § 34 Abs. 1 BBauG a.F.); BVerwG, NVwZ 1983, 609, 610 (zu § 35 Abs. 2, 3 BBauG a.F.); BVerwG, DVBl. 1985, 122, 123 (zu § 31 Abs. 2 BBauG a.F.); BVerwGE 67, 334, 339; BVerwG, BauR 1986, 414, 416 (zu § 15 Abs. 1 BauNVO).
61 Vgl. BVerwG, DVBl. 1981, 928, 929; BVerwG, UPR 1983, 168; BVerwGE 67, 334, 339; BVerwG, DVBl. 1985, 122, 123.
62 Vgl. BVerwG, NVwZ 1983, 609, 610; BVerwGE 67, 334, 339.
63 Vgl. Roeser, in: Berliner Kommentar, Vor §§ 29-38, Rn. 42; Schmidt-Preuß, Privatinteressen, 47; Seidel, 189; Kleinlein, DVBl. 1989, 184 f.
64 Vgl. BVerwG, UPR 1986, 140, 142.
65 Breuer, DVBl. 1982, 1065, 1070.
66 Vgl. BVerwG, DVBl. 1981, 928, 930.

Dabei handelt es sich aber lediglich um eine andere Begrifflichkeit, durch die von der bisherigen Rechtsprechung nicht abgewichen wird. Diese Schutzwürdigkeit kann sich nämlich zum einen daraus ergeben, dass der Kläger als unmittelbarer Nachbar des Vorhabens im Sinne der oben[67] dargestellten Rechtsprechung handgreiflich betroffen ist.[68] Zum anderen kann die geforderte Schutzwürdigkeit auch aus einer gesetzlichen Privilegierung[69] des Klägers resultieren.[70] Demnach ist die Schutzwürdigkeit in diesem Zusammenhang nur als Oberbegriff für die bekannten Kriterien der Qualifizierung und Individualisierung zu verstehen. Sie dient der Abgrenzung eines klageberechtigten Personenkreises und ist deshalb nicht zu verwechseln mit der Schutzwürdigkeit des Rücksichtnahmebegünstigten, welche auf der objektivrechtlichen Ebene[71] in die Abwägung einfließt.

b) Aufgabe der „strengen" Schutznormtheorie

Eine über das Baurecht hinausgehende Wende in der Drittschutzjudikatur des BVerwG stellt das Urteil vom 19.9.1986[72] dar. Die Entscheidung befasst sich mit der Frage, ob § 31 Abs. 2 BBauG a.F. nachbarschützende Wirkung zukommt. Zu deren Beantwortung greift das Gericht jedoch nicht auf die von ihm bis dahin in ständiger Rechtsprechung vertretene „strenge" Schutznormtheorie zurück. Es sei nicht maßgeblich, ob die auf ihren drittschützenden Charakter hin untersuchte Norm, wie von der „strengen" Schutznormtheorie gefordert, einen fest abgrenzbaren Kreis Begünstigter erkennen lasse.[73] Zur Begründung führt der Senat aus, die quantitative Abgrenzbarkeit eines klageberechtigten Personenkreises sei mit Hilfe generell-abstrakter Regeln praktisch nicht normierbar.

Für die Bestimmung subjektiver Rechte komme es vielmehr darauf an, *„dass sich aus individualisierenden Tatbestandsmerkmalen der Norm ein Personenkreis entnehmen lässt, der sich von der Allgemeinheit unterscheidet."*[74] Der Senat[75] modifiziert damit ausdrücklich seine Rechtsprechung zum Nachbarschutz und beruft sich dabei auf die von *Marburger* in einem Gutachten

---

67 Siehe B II 2 b.
68 Vgl. BVerwG, DVBl. 1981, 928, 930; BVerwG, UPR 1986, 140, 141.
69 Siehe B II 2 a.
70 Vgl. BVerwG, UPR 1983, 168, 170.
71 Siehe A 1.
72 BVerwG, DVBl. 1987, 476.
73 BVerwG, DVBl. 1987, 476, 477.
74 BVerwG, DVBl. 1987, 476, 477.

für den 56. Deutschen Juristentag an der „strengen" Schutznormtheorie geäußerte Kritik.[76]
Ausschlaggebend ist nunmehr, dass sich der jeweiligen Norm ein lediglich seiner Art nach, also qualitativ abgrenzbarer Kreis Begünstigter entnehmen lässt.[77] Die hohe Hürde einer quantitativen, räumlichen Abgrenzbarkeit ist damit aufgegeben.

Folgerichtig legt das Gericht in dem zu entscheidenden Fall § 31 Abs. 2 BBauG a.F. mit Hilfe der „neuen" Schutznormtheorie aus. Es kommt zu dem Ergebnis, dass die Norm, insoweit sie die Würdigung nachbarlicher Interessen anordnet, einen seiner Art nach von der Allgemeinheit unterscheidbaren Personenkreis benennt und daher drittschützend ist. Der Wortlaut der Norm, aber insbesondere deren Zielrichtung machen deutlich, dass sie neben der städtebaulichen Ordnung und den Interessen des Bauherrn auch die Belange der Nachbarn schützen will.[78]

Der Senat belässt es jedoch nicht bei der Feststellung, § 31 Abs. 2 BBauG a.F. sei drittschützend, sondern führt weiter aus, unter welchen Voraussetzungen eine Befreiung von den Festsetzungen des Bebauungsplans nach § 31 Abs. 2 BBauG a.F. den Nachbarn in eigenen Rechten verletze. Das sei nämlich nur dann der Fall, wenn die zum drittschützenden Gebot der Rücksichtnahme entwickelten Grundsätze der Qualifizierung und Individualisierung erfüllt seien.[79] Die Entscheidung verweist diesbezüglich an mehreren Stellen, so auch in ihrem dritten Leitsatz, auf die Seiten 130 f. des Grundsatzurteils zum Drittschutz aus dem Rücksichtnahmegebot vom 25.2.1977.

Fraglich ist, weshalb der Senat hier weiterhin auf die Kriterien der Qualifizierung und Individualisierung[80] zurückgreift.
Diese wurden von ihm doch schließlich entwickelt, da den in Rede stehenden bauplanungsrechtlichen Normen auf der Grundlage der „strengen" Schutznormtheorie keine nachbarschützende Wirkung zuerkannt wurde. Es fehle ihnen an der Hervorhebung eines räumlich abgegrenzten Personenkreises.[81] Um dieses normative Drittschutzdefizit auszugleichen, anerkannte der Senat, dass die notwendige Eingrenzung ausnahmsweise auch durch das Hinzutreten

75 BVerwG, DVBl. 1987, 476, 477.
76 Vgl. Marburger, C, 32 ff.
77 Marburger, C, 34.
78 BVerwG, DVBl. 1987, 476, 477.
79 Vgl. BVerwG, DVBl. 1987, 476, 477 f.
80 Siehe B II 2.
81 Vgl. unter B I.

qualifizierender und individualisierender Umstände erst bei Normanwendung erfolgen könne. In den Fallgruppen, in denen der Nachbar eine ihn privilegierende Rechtsposition anführen konnte oder aufgrund der tatsächlichen Umstände handgreiflich betroffen war, ließ sich auf diesem Wege der von der „strengen" Schutznormtheorie geforderte, klar umrissene Kreis Begünstigter ausmachen.[82]
Die Grundsätze der Qualifizierung und Individualisierung haben ihre Existenz somit der „strengen" Schutznormtheorie zu verdanken. Mit der Aufgabe der „strengen" Schutznormtheorie durch das Urteil vom 19.9.1986 müssten konsequenterweise auch diese richterrechtlich entwickelten Kriterien aufgegeben werden.

Die Funktion der Kriterien der Qualifizierung und Individualisierung besteht darin, einen von der Norm her nicht gegebenen Nachbarschutz auf andere Weise, nämlich durch das Hinzutreten besonderer Umstände zu konstruieren.
Wenn aber das BVerwG in seiner Entscheidung vom 19.9.1986 den § 31 Abs. 2 BBauG a.F. schon aus sich heraus als drittschützend ansieht, so besteht gar kein Bedürfnis mehr dafür, die genannten Kriterien auch weiterhin anzuwenden.
Die Grundsätze der Qualifizierung und Individualisierung haben mit der Aufgabe der „strengen" Schutznormtheorie nicht nur ihre dogmatische Grundlage verloren, sondern auch ihre Funktion eingebüßt.

Hinzu kommt, dass das BVerwG die Grundsätze der Qualifizierung und Individualisierung tatbestandsübergreifend anwendet,[83] obwohl die in Rede stehenden bauplanungsrechtlichen Normen eine solche Übereinstimmung nicht erkennen lassen. Damit stellt sich das Gericht in Widerspruch zu seinen eigenen rechtsgrundsätzlichen Äußerungen im Urteil vom 19.9.1986,[84] wonach *„die einzelnen Vorschriften daraufhin zu prüfen sind, ob sie auch die individuellen Interessen Dritter schützen wollen. Deswegen sind es auch die einfachrechtlichen Vorschriften selbst, nicht aber ein außerhalb dieser Vorschriften stehendes Gebot der Rücksichtnahme, die Drittschutz vermitteln."*[85]
Wenn aber der Drittschutz sich nur aus den einfachrechtlichen Vorschriften ergibt, so muss gleiches auch für dessen Reichweite gelten. Es leuchtet nicht ein, weshalb das BVerwG sich zur Bestimmung der Reichweite des Nachbarschutzes

82 Vgl. unter B II 2.
83 Siehe B III 1 a.
84 Vgl. BVerwG, DVBl. 1987, 476, 477.
85 Vgl. Schmidt-Preuß, Privatinteressen, 92.

der tatbestandsübergreifenden Grundsätze der Qualifizierung und Individualisierung bedient.
Sehr wohl kann die Reichweite des Nachbarschutzes in räumlicher, sachlicher oder persönlicher Hinsicht beschränkt sein; dies muss sich dann jedoch aus den Tatbestandsmerkmalen der maßgeblichen bauplanungsrechtlichen Norm ergeben. Die jeweilige Vorschrift ist dahingehend auszulegen, wie weit sich ihr Schutzbereich erstreckt.[86]
Das anerkennt auch das Gericht, indem es ausführt, die Auslegung einer Vorschrift, die im Grundsatz Drittschutz vermitteln will, könne zu dem Ergebnis führen, dass dieser Drittschutz nur unter bestimmten einschränkenden Voraussetzungen zu gewähren sei.[87] Die Betonung muss dabei auf der *„Auslegung einer Vorschrift"* liegen.

c) Festhalten an der alten Rücksichtnahmerechtsprechung

Trotz der soeben aufgezeigten Unstimmigkeiten ist ein Wandel in der Rechtsprechung des BVerwG nach der Entscheidung vom 19.9.1986 nicht zu verzeichnen.
Das Gericht hält daran fest, dass einer das Gebot der Rücksichtnahme enthaltenden Norm drittschützende Wirkung nur zukomme, soweit in qualifizierter und zugleich individualisierter Weise auf schutzwürdige Interessen eines erkennbar abgegrenzten Kreises Dritter Rücksicht zu nehmen sei.[88]
Es führt dazu weiterhin die beiden bekannten Fallgruppen an,[89] allerdings entgegen seiner bisherigen Gewohnheit in umgekehrter Reihenfolge. So wird das Kriterium der handgreiflichen Betroffenheit vor dem der besonderen rechtlichen Schutzwürdigkeit genannt.[90] Damit ist jedoch eine inhaltliche Änderung nicht verbunden, weshalb diesem Umstand keine weitere Aufmerksamkeit zu schenken ist.[91]

Desweiteren geht der Senat dazu über, die beiden Ausnahmefallgruppen, in denen das Gebot der Rücksichtnahme drittschützend wirkt, mit einem *„und"* zu

86 Vgl. Koch/Hendler, § 28, Rn. 29.
87 Vgl. BVerwG, DVBl. 1987, 476, 477.
88 BVerwG, BauR 1988, 448, 450; BVerwGE 82, 343, 347; BVerwG, BRS 56 (1994), 415, 417.
89 Siehe B II 2.
90 Vgl. BVerwGE 82, 343, 347; BVerwG, DVBl. 1992, 1101.
91 Vgl. Schmidt-Preuß, Privatinteressen, 90.

verbinden.[92] Daraus könnte man schließen, dass beide Kriterien kumulativ erfüllt sein müssen, um ein subjektives Abwehrrecht des Nachbarn bejahen zu können. Der Rechtsprechung ist jedoch an keiner Stelle zu entnehmen, dass dies beabsichtigt ist, so dass diesem *„und"* rein redaktioneller Charakter beizumessen ist und sich daraus keine weitergehende inhaltliche Modifizierung ergibt. Die Kriterien der besonderen Rechtsposition und der handgreiflichen Betroffenheit können somit auch weiterhin alternativ den Drittschutz begründen.

In dem Urteil vom 6.10.1989,[93] auf das soeben Bezug genommen wurde, wird an anderer Stelle ausgeführt, für den Drittschutz aus § 15 Abs. 1 BauNVO und den aus § 31 Abs. 2 könnten unterschiedlich hohe Anforderungen bestehen.[94]
Diese Aussage könnte als ein Hinweis darauf zu verstehen sein, dass das Gericht im Sinne seiner im Urteil vom 19.9.1986 gemachten Ausführungen für den Drittschutz einschließlich dessen Reichweite nur auf die jeweilige Vorschrift abstellt. Damit wäre der Weg frei für eine an der Norm orientierte Bestimmung des Drittschutzes, was wiederum eine Absage an die tatbestandsübergreifend gehandhabten Kriterien der Qualifizierung und Individualisierung bedeuten würde.
Aus den weiteren Urteilsgründen wird jedoch deutlich, dass sich der Senat ausschließlich auf die objektiv-rechtliche Seite des in den beiden Vorschriften zum Ausdruck kommenden Rücksichtnahmegebots bezieht.
Bei der in diesem Rahmen stattfindenden Abwägung komme den Interessen des Beteiligten ein höheres Gewicht zu, der sich auf den Bebauungsplan berufen kann. Demjenigen, der eine Abweichung von den Festsetzungen erstrebe, sei es weil er die ausnahmsweise Unzulässigkeit nach § 15 Abs. 1 BauNVO rüge oder weil er die ausnahmsweise Zulassung nach § 31 Abs. 2 beantrage, komme bei der Interessenabwägung grundsätzlich eine gewisse Nachrangigkeit zu.[95]
Zur subjektiv-rechtlichen Ebene ist damit nichts gesagt.

Möglicherweise enthält das Urteil vom 28.10.1993[96] einen neuen Aspekt zur subjektiv-rechtlichen Seite des Rücksichtnahmegebots. Das Gericht erläutert im Einklang mit seiner ständigen Rechtsprechung, dass die sich aus dem Gebot der Rücksichtnahme ergebenden Anforderungen wesentlich von einer Abwägung der jeweiligen Umstände des Einzelfalls abhängen.

---

92 Vgl. BVerwGE 82, 343, 347; BVerwG, DVBl. 1992, 1101.
93 BVerwGE 82, 343.
94 Vgl. BVerwGE 82, 343, 348.
95 Vgl. BVerwGE 82, 343, 348.
96 BVerwG, ZfBR 1994, 142.

Grundlegende Voraussetzung, damit diese Abwägung überhaupt stattfindet, sei aber, dass der rücksichtnahmebegünstigte Nachbar eine abwägungserhebliche, schutzwürdige Position gegenüber dem Vorhaben besitze. Rücksicht sei nur auf wehrfähige, vom Gesetzgeber als schützenswert anerkannte Interessen des Nachbarn zu nehmen.[97]
Es fragt sich, ob der Senat sich damit auf die im Rahmen der objektiv-rechtlichen Beurteilung erfolgende Zumutbarkeitsabwägung bezieht, oder ob er eventuell die subjektiv-rechtlichen Anforderungen des Rücksichtnahmegebots modifizieren möchte.
Aus dem Leitsatz der Entscheidung ergibt sich indes schon, dass der Senat seine Aussage lediglich auf den objektiv-rechtlichen Zumutbarkeitsmaßstab bezogen wissen will. Das Erfordernis einer schutzwürdigen Abwehrposition des Nachbarn steht für den Senat im Zusammenhang mit seiner Entscheidung vom 25.2.1977. Er verweist dazu[98] auf eine Stelle des Grundsatzurteils, an welcher sich die Ausführungen zur objektiv-rechtlichen Seite des Rücksichtnahmegebots befinden.[99]
Das Gericht strebt folglich nicht an, die Kriterien für eine Subjektivierung des Rücksichtnahmegebots zu modifizieren. Die schutzwürdige Abwehrposition des Nachbarn bezieht sich in diesem Zusammenhang nur auf die objektiv-rechtliche Ebene.
Dieses Ergebnis wird bestätigt durch eine weitere Entscheidung des Gerichts, die als Voraussetzung für eine Zumutbarkeitsabwägung ebenfalls das Vorhandensein einer abwägungserheblichen, schutzwürdigen Position des Nachbarn verlangt, sich aber an ganz anderer Stelle der drittschützenden Wirkung des Rücksichtnahmegebots widmet. Diese trete nur dann ein, wenn in qualifizierter und zugleich individualisierter Weise auf schutzwürdige Interessen eines abgrenzbaren Kreises Dritter Rücksicht zu nehmen sei.[100]

An den von ihm entwickelten Grundsätzen der Qualifizierung und Individualisierung hält das Gericht weiterhin fest, auch wenn es zu deren Umschreibung teilweise wechselnde Formulierungen gebraucht. So fordert es für eine Verletzung des in § 34 Abs. 1 enthaltenen Rücksichtnahmegebots in subjektiv-rechtlicher Hinsicht, dass das zu verhindernde Vorhaben die gebotene

---

97 Vgl. BVerwG, ZfBR 1994, 142, 143.
98 Vgl. BVerwG, ZfBR 1994, 142 (Leitsatz).
99 Vgl. BVerwGE 52, 122, 126.
100 Vgl. BVerwG, BRS 56 (1994), 415, 417.

Rücksichtnahme speziell auf die in seiner unmittelbaren Nähe vorhandene Bebauung vermissen lässt.[101]
Damit ist jedoch nichts anderes ausgedrückt, als dass der oder die betroffenen Nachbarn, um klageberechtigt zu sein, mit ihren Bauwerken sozusagen vor der Tür des Genehmigungsempfängers liegen müssen, wie es das Kriterium der handgreiflichen Betroffenheit verlangt.

Immer wieder verweist der Senat hinsichtlich der Voraussetzungen, unter denen ein Nachbar in eigenen Rechten verletzt ist, auf die von ihm zum drittschützenden Gebot der Rücksichtnahme herausgearbeiteten Maßstäbe. Dabei findet sich in der Regel der Hinweis[102] auf die Seiten 130 f. des Grundsatzurteils vom 25.2.1977, auf denen die Kriterien der Qualifizierung und Individualisierung dargelegt werden.[103]

d) Neuere Ansätze/Gedanke des Austauschverhältnisses

In einer Entscheidung vom 16.9.1993[104] befasst sich das Gericht mit der Frage nach der drittschützenden Wirkung von § 12 Abs. 2 BauNVO bzw. der diesbezüglichen Festsetzungen in einem Bebauungsplan. Die Regelung wird, sofern im Bebauungsplan eines der in § 12 Abs. 2 BauNVO genannten Baugebiete festgesetzt ist, gemäß § 1 Abs. 3 S. 2 BauNVO Bestandteil des Plans und erlaubt die Errichtung von Stellplätzen und Garagen nur für den durch die zugelassene Nutzung verursachten Bedarf. Das BVerwG legt die Norm aus und stützt sich dabei methodisch im wesentlichen auf den Gedanken des wechselseitigen Austauschverhältnisses, auf dem der bauplanungsrechtliche Nachbarschutz seiner Ansicht nach beruht.
Diese These findet sich bereits in einem Urteil des Senats vom 11.5.1989, wird an jener Stelle jedoch nicht weiter vertieft, da Kläger des zugrundeliegenden Falles der Pächter und erbvertraglich eingesetzte Hoferbe eines landwirtschaftlichen Betriebes ist und das Gericht ihm aufgrund seiner nur obligatorischen Berechtigung an dem Grundstück das Geltendmachen eines bauplanungsrechtlichen Nachbarschutzanspruchs verwehrt.[105]
Nach dem Gedanken des wechselseitigen Austauschverhältnisses kann der Eigentümer, der bei der baulichen Nutzung seines Grundstücks öffentlich-

101 Vgl. BVerwG, NVwZ-RR 1997, 516; BVerwG, NVwZ-RR 1998, 540.
102 Vgl. BVerwG, NVwZ-RR 1999, 8.
103 Siehe B II 2.
104 BVerwG, DVBl. 1994, 284.
105 Vgl. BVerwGE 82, 61, 75.

rechtlichen Beschränkungen unterworfen ist, grundsätzlich deren Beachtung auch durch den Nachbarn verlangen.[106]
Den Hauptanwendungsfall für diesen Grundsatz sieht das Gericht in den Festsetzungen eines Bebauungsplans über die Art der baulichen Nutzung. Indem alle Eigentümer in dem jeweiligen Baugebiet den selben Beschränkungen hinsichtlich der Ausnutzung ihrer Grundstücke unterworfen sind, bilden sie eine rechtliche Schicksalsgemeinschaft. Der Nachteil, den der einzelne durch die Baubeschränkungen in der Nutzbarkeit seines Grundstücks erleidet, wird dadurch ausgeglichen, dass er auf deren Einhaltung auch durch den Nachbarn vertrauen kann.[107]
Da es sich bei § 12 Abs. 2 BauNVO um eine Vorschrift handelt, die mit der Zulässigkeit von Stellplätzen und Garagen in einzelnen von ihr bezeichneten Baugebieten die Art der baulichen Nutzung regelt, anerkennt der Senat ihren drittschützenden Charakter.[108]
Dies hatte noch die Vorinstanz in Anlehnung an die frühere Rechtsprechung des BVerwG[109] mangels klarer Abgrenzung eines geschützten Personenkreises abgelehnt. Der Senat weist daher darauf hin, dass die dieser Rechtsauffassung zugrundeliegende „strenge" Schutznormtheorie seit dem Urteil vom 19.9.1986[110] von ihm nicht mehr vertreten wird. Es komme vielmehr darauf an, ob sich aus individualisierenden Tatbestandsmerkmalen der Norm ein Personenkreis entnehmen lasse, der sich von der Allgemeinheit unterscheide.
Dieses Erfordernis einer qualitativen Abgrenzbarkeit sieht der Senat bei § 12 Abs. 2 BauNVO als gegeben an. Indem die Norm die Zulassung von Stellplätzen und Garagen innerhalb besonders schutzwürdiger Baugebiete regele, komme ihre Schutzwirkung der durch ein wechselseitiges Austauschverhältnis verbundenen und somit qualitativ abgrenzbaren Gruppe der Grundeigentümer in dem betreffenden Baugebiet zugute.[111]
Mithilfe dieser Auslegungsmethode hat der Senat folglich bereits die räumliche und persönliche Reichweite des Drittschutzes bestimmt.
Hinsichtlich der Frage nach der sachlichen Reichweite des Drittschutzes aus § 12 Abs. 2 BauNVO, ob also ein bestimmter Grad der Beeinträchtigung oder das Überschreiten einer Zumutbarkeitsschwelle erforderlich ist, greift der Senat wieder auf den Gedanken des wechselseitigen Austauschverhältnisses zurück.

---

106 BVerwG, DVBl. 1994, 284, 285.
107 BVerwG, DVBl. 1994, 284, 285; Mampel, BauR 2003, 1824, 1825.
108 BVerwG, DVBl. 1994, 284, 286.
109 Vgl. BVerwG, DVBl. 1974, 358, 362.
110 Vgl. B III 1 b.
111 BVerwG, DVBl. 1994, 284, 286.

Weil dieses Austauschverhältnis bereits durch die Zulassung eines mit der Gebietsfestsetzung unvereinbaren Vorhabens gestört wird, hat der Eigentümer eines Grundstücks in dem Baugebiet einen Gebietserhaltungsanspruch, unabhängig davon, ob er eine spürbare Beeinträchtigung erleidet.[112]
Es gilt somit festzuhalten, dass das BVerwG vorliegend nicht nur den drittschützenden Charakter einer Norm, sondern auch die Reichweite des Drittschutzes aus der maßgeblichen Norm selber ableitet und sich dabei des Gedankens des wechselseitigen Austauschverhältnisses bedient, dem es allgemeine, also über den Bebauungsplanbereich hinausgehende Bedeutung beimisst.[113]

Ähnlich geht das Gericht in einer Entscheidung vom 23.8.1996[114] vor. Gegenstand der Entscheidung sind die §§ 1, 2 der Bauregelungsverordnung (im Folgenden: BauRegVO) vom 15.2.1936. Diese ermächtigen zum Erlass sogenannter Baustufenpläne und wurden auch in nachkonstitutioneller Zeit noch hierzu genutzt. Bei den Baustufenplänen handelt es sich um städtebauliche Pläne, die mittlerweile gemäß § 173 Abs. 3 S. 1 BBauG 1960 als Bebauungspläne übergeleitet worden sind.
Die Ermächtigung der §§ 1, 2 BauRegVO beinhaltet die Möglichkeit der Festsetzung bestimmter Baugebietskategorien, für die jeweils die zulässige Art der baulichen Nutzung vorzuschreiben ist. Damit kommt dem auf der Grundlage der §§ 1, 2 BauRegVO erlassenen Baustufenplan eine zulassende, aber auch eine ausschließende Funktion zu.
Da die einzelnen Grundstücke einer auch im Verhältnis untereinander verträglichen Nutzung zuzuführen sind, sieht das BVerwG in den §§ 1, 2 BauRegVO den Gedanken des wechselseitigen Austauschverhältnisses verankert. Mithilfe dieses Topos kommt die von dem Gericht vorgenommene Auslegung zu dem Ergebnis, dass den in Rede stehenden Ermächtigungsgrundlagen das Ziel eines Ausgleichs wechselbezüglicher Interessen immanent ist und ihnen somit drittschützende Wirkung zukommt.[115]
Die an dem Austauschverhältnis beteiligten Grundeigentümer innerhalb des jeweiligen Baugebiets stellen einen im Sinne der „neuen“ Schutznormtheorie genügend bestimmten Kreis Berechtigter dar und können somit die Wahrung des Gebietscharakters klageweise geltend machen.[116] Der Gebietscharakter nimmt

112 BVerwG, DVBl. 1994, 284, 287.
113 Vgl. Schmidt-Preuß, DVBl. 1994, 288, 289.
114 BVerwGE 101, 364.
115 Vgl. BVerwGE 101, 364, 374.
116 Vgl. BVerwGE 101, 364, 376.

bereits dadurch Schaden, dass das Austauschverhältnis durch die Errichtung eines gebietsfremden Vorhabens einseitig aufgehoben wird, da so der angestrebte Interessenausgleich aus dem Gleichgewicht gebracht wird.[117]
Das Gericht entwickelt auch hier den Inhalt des Drittschutzes aus den maßgeblichen Normen und greift dabei auf den Gedanken des Austauschverhältnisses zurück.

Zu den dargestellten Entscheidungen kommt ein für den Drittschutz wegweisendes[118] Urteil des BVerwG vom 24.9.1998[119] hinzu, in dem die Frage nach dem nachbarschützenden Charakter von § 1 Abs. 6 a.F.[120] aufgeworfen wird. Die Norm richtet sich an den Plangeber und verlangt von ihm bei der Aufstellung der Bauleitpläne eine gerechte Abwägung der öffentlichen und privaten Belange. Dabei sind die privaten Belange nicht nur gegen widerstreitende öffentliche Belange abzuwägen, sondern auch untereinander in Bezug zu setzen.
Im Gegensatz zu den beiden vorerwähnten Entscheidungen geht es in dem Urteil um die Rechtswidrigkeit des Bebauungsplans aufgrund möglicher Abwägungsmängel; vorliegend soll jedoch nur von Interesse sein, auf welchem Wege das BVerwG den nachbarschützenden Charakter des § 1 Abs. 6 a.F. erschließt:
Das Gericht stützt sich bei der von ihm vorgenommenen Auslegung der Vorschrift auf deren Wortlaut. Da ausdrücklich eine gerechte Berücksichtigung auch der privaten Belange vorgeschrieben sei, komme dem in § 1 Abs. 6 a.F. niedergelegten Abwägungsgebot eine drittschützende Wirkung hinsichtlich der abwägungserheblichen privaten Belange zu. Dem Wortlaut entgegenstehende Ergebnisse anderer Auslegungsmethoden, die das Wortlautargument entkräften könnten, sieht das Gericht als nicht gegeben.[121]
In seiner Urteilsanmerkung begrüßt *Schmidt-Preuß*, dass das Gericht die drittschützende Wirkung des § 1 Abs. 6 a.F. nicht mit Hilfe der zum Rücksichtnahmegebot entwickelten Kriterien begründet, sondern auf die allein maßgeblichen Tatbestandselemente der Norm abstellt.[122] Dabei hätte es, wie *Krebs* konstatiert, durchaus nahe gelegen, den Drittschutz unter Rückgriff auf die Kriterien der Qualifizierung und Individualisierung zu konstruieren.[123]

---

117 BVerwGE 101, 364, 375.
118 So Schmidt-Preuß, DVBl. 1999, 103.
119 BVerwG, DVBl. 1999, 101 ff.
120 Ist identisch mit dem heutigen § 1 Abs. 7.
121 BVerwG, DVBl. 1999, 101, 102.
122 Schmidt-Preuß, DVBl. 1999, 103, 106.
123 Krebs, FS Hoppe, 1055, 1061.

Eine in jüngster Zeit ergangene, sehr bemerkenswerte Entscheidung des BVerwG durchbricht erstmals den bisher in ständiger Rechtsprechung eingehaltenen Grundsatz, wonach die hier in Rede stehenden bauplanungsrechtlichen Normen, in denen das Gebot der Rücksichtnahme nach Ansicht des Gerichts zum Ausdruck kommt, auch nur nach Maßgabe des Rücksichtnahmegebots und der dazu entwickelten Kriterien drittschützend wirken:
Nach dem Beschluss des BVerwG vom 13.5.2002 vermittelt § 15 Abs. 1 S. 1 BauNVO neben dem Drittschutz über das Gebot der Rücksichtnahme auch einen Anspruch auf Aufrechterhaltung der typischen Prägung eines Baugebiets.[124]
Dieser Anspruch auf Aufrechterhaltung der typischen Prägung eines Baugebiets stellt insofern ein Novum dar, als das BVerwG eine nachbarschützende Wirkung des § 15 Abs. 1 S. 1 BauNVO bisher ausschließlich mittels des drittschützenden Rücksichtnahmegebots anerkannte.[125]
Der Anspruch ergibt sich auch aus dem Tatbestand der Vorschrift, wonach ein Vorhaben im Bebauungsplanbereich im Einzelfall unzulässig ist, wenn es nach Anzahl, Lage, Umfang oder Zweckbestimmung der Eigenart des Baugebiets widerspricht. Auf die Entscheidung wird unten noch ausführlicher eingegangen.[126]

e) Zwischenergebnis

Die im Urteil vom 25.2.1977 entwickelten Grundsätze der Qualifizierung und Individualisierung hatten ursprünglich ihre Berechtigung, indem sie einerseits im Sinne der „strengen" Schutznormtheorie die eindeutige Abgrenzbarkeit eines berechtigten Personenkreises gewährleisteten und andererseits zu der angestrebten Ausweitung des Drittschutzes führten.[127]
Mit der Aufgabe der „strengen" Schutznormtheorie durch die Entscheidung vom 19.9.1986 ist jedoch die Grundlage für einen weiteren Beibehalt der richterrechtlichen Kriterien des subjektiv-rechtlichen Rücksichtnahmegebots entfallen.[128]

124 BVerwG, NVwZ 2002, 1384 f.
125 Vgl. BVerwGE 67, 334, 338 f.; BVerwG, NVwZ-RR 1996, 187, 188.
126 Siehe D IV 2 a.
127 Siehe B I, II.
128 Siehe B III 1 b.

Obwohl das BVerwG die notwendige grundsätzliche Abkehr von diesen Kriterien noch nicht vollzogen hat,[129] sind doch mittlerweile einzelne Ansätze zu einer ausschließlich tatbestandsabhängigen Bestimmung des Nachbarschutzes und dessen Reichweite zu verzeichnen.[130]
Die damit eingeleitete Entwicklung gilt es aufzugreifen und auf die hier interessierenden §§ 34 Abs. 1, 35 Abs. 3 S. 1 Nr. 3, 31 Abs. 2 BauGB sowie § 15 Abs. 1 BauNVO fortzuschreiben. Ziel dieser Arbeit ist es deshalb, durch Auslegung der in Rede stehenden bauplanungsrechtlichen Normen zu ermitteln, inwieweit sich aus ihren Tatbeständen – unabhängig von den zur Subjektivierung des Rücksichtnahmegebots entwickelten Kriterien – Rechte der Nachbarn ergeben.

2) Drittschutz aus Art. 14 Abs. 1 GG

Der Vollständigkeit halber sei hier noch ein Blick auf die jüngere Rechtsprechung zum Drittschutz unmittelbar aus Art. 14 Abs. 1 GG geworfen. Von Interesse sind in diesem Zusammenhang nur die mittelbaren Eingriffe, bei denen keine direkte Inanspruchnahme der Substanz des Nachbargrundstücks (sogenannter Eingriff in das Säulen-Eigentum) erfolgt.[131]

In einer Entscheidung vom 26.9.1991 verneint das BVerwG in Abkehr von seiner früheren Rechtsprechung[132] die Möglichkeit eines Rückgriffs unmittelbar auf Art. 14 Abs. 1 GG zur Begründung eines nachbarlichen Abwehranspruchs. Soweit sich im einfachen Recht drittschützende Regelungen fänden, könne kein weitergehender Anspruch aus Art. 14 Abs. 1 GG hergeleitet werden.[133]
Diese Aussage steht allerdings unter dem Vorbehalt, dass eine den Nachbarschutz beinhaltende Inhalts- und Schrankenbestimmung des Eigentums im Sinne des Art. 14 Abs. 1 S. 2 GG,[134] welche insofern vorrangig wäre, überhaupt vorliegt.[135]

Demgegenüber verzichtet das Gericht in dem bereits erwähnten Urteil vom 23.8.1996 auf einen derartigen Zusatz. Es formuliert ganz allgemein, dass Art.

129 Siehe B III 1 c.
130 Siehe B III 1 d.
131 Vgl. Schlichter, FS Hoppe, 1031, 1034 f.
132 Siehe B I; vgl. Bönker, DVBl. 1994, 506, 508.
133 BVerwGE 89, 69, 78.
134 Vgl. Papier, in: Maunz/Dürig, Art. 14, Rn. 80.
135 Vgl. Wahl, DVBl. 1996, 641, 644.

14 Abs. 1 GG selbst keine unmittelbaren Abwehransprüche begründe. Nachbarschutz sei grundsätzlich nur gegeben, soweit ihn der Gesetzgeber normiert habe.[136]

Es fragt sich, ob damit der Abschied vom grundrechtlichen Nachbarschutz vollzogen ist. Zweifel hieran nährt die Aussage des Senats, der Drittschutz bemesse sich „*grundsätzlich*“ nur nach einfachem Recht.[137] Gibt es demnach Konstellationen, in denen dieser Grundsatz durchbrochen wird, und eine direkte Anwendung von Art. 14 Abs. 1 GG geboten ist?
In der Literatur herrscht zu dieser Frage keine Einigkeit:

Teilweise wird der direkte Zugriff auf das Eigentumsgrundrecht zur Begründung eines nachbarlichen Abwehranspruchs abgelehnt.[138] Die Normen des öffentlichen Baurechts seien auch in den nachbarrelevanten Bereichen Inhalts- und Schrankenbestimmungen im Sinne des Art. 14 Abs. 1 S. 2 GG. Der sich aus Art. 14 Abs. 1 S. 2 GG ergebende, an den demokratisch legitimierten Gesetzgeber gerichtete Gestaltungsauftrag verlange unter anderem nach einem Ausgleich der gegenläufigen Privatinteressen. Dieser Ausgleich erfolge im Wege materiellrechtlicher Regelungen, die teilweise auch subjektive Abwehrrechte enthielten. Da das Grundgesetz mit dieser Gestaltungsaufgabe ausdrücklich den einfachen Gesetzgeber betraut habe, entscheide dieser konstitutiv über den Nachbarschutz, wobei er natürlich an grundrechtliche Direktiven gebunden sei. Art. 14 Abs. 1 GG scheide deshalb als Quelle unmittelbarer Abwehransprüche aus.[139]

Die Gegenansicht[140] sieht zwar auch primär den Gesetzgeber dazu berufen, den Drittschutz und dessen Reichweite im einfachen Recht niederzulegen. Dies könne jedoch nicht uneingeschränkt gelten, da es die Legislative ansonsten in der Hand hätte, auf jeglichen Drittschutz zu verzichten. Daher komme den Grundrechten zunächst die Aufgabe zu, einfachrechtliche Normen, bei denen der Gesetzgeber dem verfassungsrechtlichen Subjektivierungsgebot nicht in ausreichendem Umfang nachgekommen sei, mit Hilfe der sogenannten norminternen Wirkung der Grundrechte zu subjektivieren. Wo hingegen die grundrechtskonforme Auslegung des einfachen Rechts an dessen entgegen-

136 Vgl. BVerwGE 101, 364, 373.
137 BVerwGE 101, 364, 373.
138 Vgl. Bönker, DVBl. 1994, 506, 510; Kraft, VerwArch 89 (1998), 264, 279 f.; Mampel, NJW 1999, 975, 977 f.
139 Kraft, VerwArch 89 (1998), 264, 279 f.
140 Vgl. Papier, in: Maunz/Dürig, Art. 14, Rn. 83; Jarass, FS Lukes, 57, 64; Muckel, JuS 2000, 132, 136.

stehendem Wortlaut scheitere, bleibe nur der direkte Rückgriff auf das Grundrecht selbst.[141] Das gleiche gelte, wenn eine das Eigentum ausgestaltende, einfachgesetzliche Regelung in einem drittschutzrelevanten Lebensbereich gänzlich fehle.[142]

Eine dritte Ansicht[143] sieht in der auf Art. 14 Abs. 1 GG gestützten baurechtlichen Nachbarklage keine unmittelbare Wirkung des Grundrechts selbst. Vielmehr sei es der Richter, der in diesen Fällen den subjektivrechtlichen Grundrechtsschutz vermittle, so dass es sich dabei in Wahrheit um Richterrecht handele. Wenn und soweit der Gesetzgeber dem in erster Linie an ihn gerichteten Subjektivierungsauftrag nicht in ausreichendem Maße nachgekommen sei, sei es Aufgabe der Judikative, hier einzuspringen. Dabei sei das in Umsetzung der verfassungsrechtlichen Vorgaben entstehende Richterrecht neben der positivierten Norm die zweite Erscheinungsform des einfachen Rechts.[144] Eine unmittelbare Grundrechtswirkung gibt es also nach dieser Konstruktion nicht.

Nach der soeben dargelegten Ansicht, ist die Schaffung von Richterrecht jedoch nur dann erforderlich, wenn sich im kodifizierten einfachen Recht keine, dem Schutzauftrag der Grundrechte entsprechenden, subjektiven Rechte des Nachbarn finden. Vergleichbares gilt für die Meinung, die einen unmittelbaren Rückgriff auf Grundrechte nicht ausschließen möchte. Denn auch danach ist eine Heranziehung von Art. 14 Abs. 1 GG nur dann geboten, wenn ein dem verfassungsrechtlichen Subjektivierungsauftrag genügender einfachrechtlicher Drittschutz fehlt. Alle Ansichten kommen somit zu dem gleichen Ergebnis, sofern das einfache Recht in ausreichendem Umfang nachbarschützende Regelungen enthält: Eine Anwendung von Art. 14 Abs. 1 GG zur Begründung nachbarlicher Abwehrrechte scheidet dann aus.
Bei den hier in Rede stehenden bauplanungsrechtlichen Normen, in denen das BVerwG das Gebot der Rücksichtnahme verankert, stellt sich die Frage eines Rückgriffs auf Art. 14 Abs. 1 GG also nur, wenn sich aus diesen keine hinreichenden Nachbarrechte ergeben. Auf die Problematik des grundrechtlichen Drittschutzes wird daher im Anschluss an die Auslegung der Vorschriften erneut eingegangen.[145]

---

141 Jarass, FS Lukes, 57, 64 ff.; Krebs, FS Hoppe, 1055, 1066.
142 Brohm, Öffentliches Baurecht, 368.
143 Vgl. Wahl, DVBl. 1996, 641, 647 f.
144 Wahl, DVBl. 1996, 641, 648.
145 Siehe E 3.

C) Die Ermittlung subjektiv-öffentlicher Rechte im einfachen Recht

Bevor jedoch auf die einzelnen Normen eingegangen wird, ist zu klären, mithilfe welcher Methode(n) der nachbarschützende Gehalt einer Vorschrift des Bauplanungsrechts erschlossen werden kann.

1) Schutznormtheorie

Nach der herrschenden Schutznormtheorie liegt ein subjektives öffentliches Recht vor, wenn ein Rechtssatz des öffentlichen Rechts nicht ausschließlich den Interessen der Allgemeinheit, sondern – zumindest auch – der Befriedigung von Individualinteressen zu dienen bestimmt ist.[146]

Eine subjektive Rechtsposition ist jedoch noch nicht gegeben, wenn eine Vorschrift dem Individualinteresse rein tatsächlich zugute kommt. Erforderlich ist vielmehr, dass die Begünstigung des einzelnen von der Norm her bezweckt ist. Andernfalls handelt es sich lediglich um einen sogenannten Rechtsreflex, der ein subjektives Recht nicht zu begründen vermag.[147]

Teilweise wird darüber hinaus verlangt, dass die den Schutz des Bürgers bezweckende Norm ihm auch die Rechtsmacht zur Durchsetzung seiner Interessen einräumt. Allerdings gehe mit der bezweckten Begünstigung des einzelnen regelmäßig auch die Rechtsmacht zu deren Durchsetzung einher,[148] bzw. gelte dann eine Vermutung zugunsten einer korrespondierenden Durchsetzungsbefugnis.[149] Dies ergebe sich aus einer Gesamtsicht des Grundgesetzes und der daraus folgenden zunehmenden Subjektivierung des Bürger-Staat-Verhältnisses.[150] Somit kommen die Vertreter eines eigenständigen Rechtsmachtkriteriums in der Regel zu dem gleichen Ergebnis wie jene, die diesen Aspekt nicht eigens herausstellen.

146 Vgl. Schmidt-Aßmann, in: Maunz/Dürig, Art. 19 IV, Rn. 118; Erichsen, in: Erichsen/Ehlers, 250; Maurer, 163; Schmitt Glaeser/Horn, 107; Seidel, 68.

147 Vgl. Maurer, 163; Schmitt Glaeser/Horn, 107.

148 Vgl. Schenke, in: Bonner Kommentar, Art. 19 IV, Rn. 289.

149 Vgl. Erichsen, in: Erichsen/Ehlers, 251.

150 Vgl. Schenke, in: Bonner Kommentar, Art. 19 IV, Rn. 289; Wolff/Bachof/Stober, 646.

Für den hier interessierenden Bereich des Bauplanungsrechts stellt sich somit die Frage, inwieweit der Schutz von Individualinteressen gesetzlich bezweckt ist.
Die in Rede stehenden bauplanungsrechtlichen Normen regeln hinsichtlich der Baugenehmigung materielle Anforderungen an das Vorhaben und enthalten Versagungsgründe. Damit konkretisieren sie Belange der Allgemeinheit, die jedoch auch mit individuellen Belangen der Nachbarn eines Vorhabens verwoben sind. Eine explizite Zuweisung nachbarlicher Abwehrrechte existiert dabei nicht.[151]
Daher obliegt es dem Rechtsanwender, im Wege der Auslegung den drittschützenden Gehalt der Vorschriften zu ermitteln.[152] Rechtsprechung und Literatur haben dazu unter anderem für den Bereich des Bauplanungsrechts bestimmte Auslegungsdirektiven[153] entwickelt:

Nach dem BVerwG sind nur jene Vorschriften des öffentlichen Baurechts drittschützend, die auch der Rücksichtnahme auf individuelle Interessen oder deren Ausgleich untereinander zu dienen bestimmt sind.[154] Um diese Normen von denjenigen abzugrenzen, die ausschließlich Interessen der Allgemeinheit schützen, ist entscheidend, *„dass sich aus individualisierenden Tatbestandsmerkmalen der Norm ein Personenkreis entnehmen lässt, der sich von der Allgemeinheit unterscheidet."*[155]

Ferner betont das Gericht den Gedanken des wechselseitigen Austauschverhältnisses; auf diesem beruhe der bauplanungsrechtliche Nachbarschutz.[156] Sofern ein Grundeigentümer in der Ausnutzung seines Grundstücks öffentlich-rechtlichen Beschränkungen unterliege, könne er deren Beachtung auch durch den Nachbarn verlangen.[157] Er müsse sich nämlich dagegen zur Wehr setzen können, dass er neben der von ihm hinzunehmenden Einschränkung seiner Baufreiheit zusätzlich noch durch eine unzulässige bauliche Nutzung in der Nachbarschaft beeinträchtigt wird.[158]

---

151 Breuer, DVBl. 1983, 431, 432.
152 Mampel, Nachbarschutz, 28; Maurer, 165.
153 So Erichsen, in: Erichsen/Ehlers, 250.
154 BVerwG, DVBl. 1987, 476 f.
155 BVerwG, DVBl. 1987, 476, 477.
156 Vgl. BVerwG, NVwZ-RR 1999, 226, 227; siehe B III 1 d.
157 BVerwG, DVBl. 1994, 284, 285; BVerwGE 101, 364, 375.
158 BVerwGE 101, 364, 375.

Unter den Oberbegriff der Schutznormtheorie fällt nach diesem Verständnis ein „*Kanon von Methoden und Regeln*“,[159] mit deren Hilfe der subjektiv-rechtliche Charakter eines Rechtssatzes verdeutlicht werden soll. Gemeinsamer Ausgangspunkt der verschiedenen, sich im Laufe der Zeit auch wandelnden Auslegungsmethoden ist hingegen die Rechtssatzabhängigkeit des subjektiven öffentlichen Rechts.[160] Art und Umfang des Drittschutzes müssen sich daher aus der jeweils einschlägigen Norm des einfachen Rechts ergeben.[161]

2) Konfliktschlichtungsformel

Als Alternative zur Schutznormtheorie bei der Bestimmung drittschützender Vorschriften im einfachen Recht ist die von *Schmidt-Preuß* entwickelte Konfliktschlichtungsformel konzipiert:

Schmidt-Preuß[162] geht davon aus, dass bei der Anwendung der herrschenden Schutznormtheorie (entgegen der ursprünglichen Fassung) heute überwiegend auf die eigenständige Prüfung des Rechtsmacht-Kriteriums verzichtet wird. Stattdessen wird von der durch die Norm (jedenfalls auch) bezweckten Individualbegünstigung auf die Rechtsmacht zu deren Durchsetzung im Wege der Vermutung geschlossen. Begründet wird dies mit der Gesamtkonzeption des Grundgesetzes vom Verhältnis des Einzelnen zum Staat, wonach der Bürger nicht mehr als Objekt staatlichen Handelns, sondern als mit eigenen Rechten ausgestattetes Subjekt auftritt.[163]

Schmidt-Preuß[164] zeigt auf, dass sich diese Vermutung der Rechtsmacht und damit für ein subjektives Recht unterschiedlich auswirkt, je nachdem ob es sich um ein „*bipolares Verwaltungsrechtsverhältnis*“ oder eine „*multipolare Konfliktlage*“ handelt:

In einer zweiseitigen Bürger-Staat-Beziehung (bipolares Verwaltungsrechtsverhältnis), in der es etwa um die Abwehr eines staatlichen Eingriffs geht, führe die Vermutungsthese zu einer Stärkung der Subjektstellung des Bürgers gegenüber dem Staat und habe von daher durchaus ihre Berechtigung.

Anders stelle es sich hingegen in einer multipolaren Konfliktlage dar, in der es zu einer Kollision privater Gestaltungs- und Verschonungsinteressen komme.

---

159 So Schmidt-Aßmann, in: Maunz/Dürig, Art. 19 IV, Rn. 128.

160 Vgl. Schmidt-Aßmann, in: Schoch/Schmidt-Aßmann/Pietzner, Einleitung, Rn. 20.

161 Vgl. Krebs, FS Hoppe, 1055, 1065 f.

162 Vgl. Schmidt-Preuß, Privatinteressen, 198 ff.

163 Vgl. C 1.

164 Vgl. Schmidt-Preuß, Privatinteressen, 201 ff.

Hier hätte die Vermutung nicht eine zu begrüßende Subjektivierung des Staat-Bürger-Verhältnisses zur Folge, sondern sie würde sich einseitig zugunsten des einen Konfliktgegners und zu Lasten des anderen auswirken. Da die Vermutungsregelung zwangsläufig auf Kosten eines der an dem Konflikt beteiligten Bürger ginge, könne sie in mehrpoligen Verwaltungsrechtsverhältnissen keine Anwendung finden.[165]

Desweiteren kritisiert *Schmidt-Preuß*[166] die im Rahmen der Schutznormtheorie angewandte Interessenschutzformel. Da das Rechtsmacht-Kriterium überwiegend nicht gesondert geprüft wird, kommt es also entscheidend darauf an, ob die Norm (zumindest auch) dem Interesse des einzelnen zu dienen bestimmt ist. Durch die Gegenüberstellung des Individualinteresses einerseits und der öffentlichen Interessen andererseits, sei die Interessenschutzformel Ausdruck der Bürger-Staat-Relation. In einem ausschließlich zweiseitigen Verhältnis sei sie daher uneingeschränkt anwendbar.[167]
Dagegen sei die Formel nicht in der Lage, die Problematik mehrpoliger Verwaltungsrechtsverhältnisse zu bewältigen. Indem sie sich auf die Aussonderung individueller Interessen aus der Gesamtheit der Allgemeininteressen beschränke, blieben die ebenfalls zu berücksichtigenden Interessen des privaten Konfliktgegners außer Acht.[168] Die gesetzliche Regelung der subjektiv-rechtlich verfassten Konfliktschlichtung auf horizontaler Ebene werde dadurch ausgeblendet.
Grundlage subjektiver öffentlicher Rechte im multipolaren Verwaltungsrechtsverhältnis sei aber gerade die gesetzliche Regelung des Konflikts der miteinander streitenden Bürger. Deshalb müsse sich der Blick auf die verwaltungsrechtliche Ordnungsnorm und das möglicherweise in dieser enthaltene Konfliktschlichtungsprogramm richten.[169]
Schmidt-Preuß drückt dies folgendermaßen aus und formuliert dann die von ihm entwickelte Konfliktschlichtungsformel:
„Der tatbestandlichen Ausgestaltung der verwaltungsrechtlichen Beziehungen zwischen den privaten Konfliktgegnern im normativen Konfliktschlichtungsprogramm kommt damit rechtsbegründende Bedeutung zu. ... Notwendige, aber auch hinreichende Voraussetzung für das Vorliegen eines subjektiven öffentlichen Rechts im multipolaren Verwaltungsrechtsverhältnis ist, dass eine

---

165 Vgl. Schmidt-Preuß, Privatinteressen, 201 ff.
166 Vgl. Schmidt-Preuß, Privatinteressen, 210 ff.
167 Vgl. Schmidt-Preuß, Privatinteressen, 193; Schmidt-Preuß, DVBl. 1999, 103, 105.
168 Vgl. Schmidt-Preuß, Privatinteressen, 210.
169 Vgl. Schmidt-Preuß, Privatinteressen, 211.

Ordnungsnorm die kollidierenden Privatinteressen in ihrer Gegensätzlichkeit und Verflochtenheit wertet, begrenzt, untereinander gewichtet und derart in ein normatives Konfliktschlichtungsprogramm einordnet, dass die Verwirklichung der Interessen des einen Privaten notwendig auf Kosten des anderen geht. "[170]

3) Relativierung

Die von *Schmidt-Preuß* vorgebrachten Argumente überzeugen, sofern bei der Beurteilung der drittschützenden Wirkung einer Norm tatsächlich nur danach gefragt wird, ob diese ausschließlich Interessen der Allgemeinheit, oder zumindest auch Individualinteressen zu dienen bestimmt ist. Durch eine derartige Herangehensweise würde in einem mehrpoligen Verwaltungsrechtsverhältnis der normativen Regelung des Konflikts zwischen den sich streitenden Privaten keine genügende Aufmerksamkeit geschenkt.
Allerdings geht das BVerwG selber gar nicht mehr in dieser Einseitigkeit vor. Wie bereits oben[171] dargestellt, bedient sich das Gericht bei der Auslegung einer Norm jedenfalls im Bereich des Bauplanungsrechts mittlerweile in weitem Umfang des Gedankens des wechselseitigen Austauschverhältnisses:
Nach dem BVerwG gehört es zu den allgemeinen Aufgaben des Bauplanungsrechts, die einzelnen Grundstücke einer auch im Verhältnis untereinander verträglichen Nutzung zuzuführen.[172] Dazu ist es erforderlich, eventuelle private Bodennutzungskonflikte aufzugreifen und zu einem sachgerechten Ausgleich zu führen. Der derart normativ geregelte und ausgeglichene nachbarliche Interessenkonflikt bildet die Grundlage subjektiver öffentlicher Rechte im Baunachbarstreit.[173]

Der vom BVerwG als maßgebend angesehene, objektiv normierte Ausgleich der kollidierenden nachbarlichen Interessen stellt dabei nichts anderes als eine Konfliktschlichtung auf horizontaler Ebene dar. Der Blick wird gerade auf die wechselbezüglichen privaten Interessen im Baunachbarschaftsverhältnis gerichtet.
Die vom Gericht vorgenommene Auslegung unterscheidet sich also methodisch in keiner Weise von der Auslegung anhand der Konfliktschlichtungsformel.[174]

---

170 Schmidt-Preuß, Privatinteressen, 247 f.
171 B III 1 d; C 1.
172 BVerwG, DVBl. 1994, 284, 285; BVerwGE 101, 364, 373 f.
173 BVerwGE 101, 364, 374 f.
174 Vgl. Mampel, BauR 2003, 1824, 1825 (Fn. 3).

Dies belegt auch die ausdrückliche Bezugnahme[175] des Urteils vom 23.8.1996 auf die diesbezüglichen Ausführungen von *Schmidt-Preuß*. Auch *Schmidt-Preuß* selber anerkennt mittlerweile, dass die vom BVerwG unter dem Topos des Austauschverhältnisses vorgenommene Erschließung des nachbarschützenden Charakters einer Norm nichts anderes ist, als die Auslegung mithilfe der Konfliktschlichtungsformel.[176]

Sofern, wie nach der hier vertretenen Auffassung, der Gedanke des Austauschverhältnisses als eine Auslegungsmethode unter dem Oberbegriff der Schutznormtheorie verstanden wird, besteht kein grundsätzlicher Unterschied mehr zwischen der Schutznormtheorie und der Konfliktschlichtungsformel. Denn das BVerwG sieht ein objektiv normiertes Austauschverhältnis als entscheidenden Gesichtspunkt für den bauplanungsrechtlichen Drittschutz an[177] und bedient sich damit, ohne den Begriff zu benennen, der inhaltlichen Kriterien der Konfliktschlichtungsformel.

Die ursprünglich von *Schmidt-Preuß* als Gegenkonzept zur Schutznormtheorie entworfenen Kriterien der wechselbezüglichen Konfliktschlichtung haben mittlerweile – jedenfalls im Bereich des Bauplanungsrechts – unter dem Begriff des Austauschverhältnisses Einzug in die Rechtsprechung des BVerwG gehalten. Der vormals bestehende Gegensatz zwischen der Schutznormtheorie einerseits und der Konfliktschlichtungsformel andererseits hat sich damit relativiert. Es kann für diese Arbeit folglich auf die unter den Oberbegriff der Schutznormtheorie fallenden Auslegungsmittel zurückgegriffen werden.

175 Vgl. BVerwGE 101, 364, 372.
176 Vgl. Schmidt-Preuß, DVBl. 1999, 103, 105.
177 Vgl. BVerwGE 101, 364, 375.

D) Drittschutz durch bauplanungsrechtliche Normen unter Verzicht auf das Rücksichtnahmegebot

I) § 34 Abs. 1 BauGB

1) Der Begriff des Einfügens in der Rechtsprechung des BVerwG

Im nicht (oder nicht qualifiziert) beplanten Innenbereich richtet sich die Zulässigkeit eines Vorhabens nach § 34 Abs. 1, sofern nicht § 34 Abs. 2 eingreift, der hinsichtlich der Art der baulichen Nutzung *lex specialis* zu Absatz 1 der Vorschrift ist.[178] § 34 Abs. 1 setzt unter anderem voraus, dass sich das Vorhaben nach Art und Maß der baulichen Nutzung, der Bauweise und der Grundstücksfläche, die überbaut werde soll, in die Eigenart der näheren Umgebung einfügt.

Eine den nachbarschützenden Charakter des § 34 Abs. 1 ermittelnde Auslegung hat ohne Zweifel an dem Begriff des Einfügens in die Eigenart der näheren Umgebung anzusetzen. Von daher sei zunächst ein Blick darauf geworfen, wie das BVerwG dieses Tatbestandsmerkmal – auch objektiv-rechtlich – handhabt:

a) Nähere Umgebung

Zentrale Bedeutung hat im Rahmen des § 34 Abs. 1 die räumliche Abgrenzung der näheren Umgebung, in die sich das hinzutretende Vorhaben einfügen muss. Die maßgebliche Umgebung bemisst sich danach, inwieweit die Ausführung des Vorhabens sich auf sie auswirken kann und umgekehrt die Umgebung ihrerseits den bodenrechtlichen Charakter des Baugrundstücks prägt oder doch beeinflusst.[179] Dabei ist die wechselseitige Prägung nicht anhand beliebiger städtebaulicher Belange zu ermitteln, sondern muss auf den in § 34 Abs. 1 S. 1 aufgeführten Kriterien der Art und des Maßes der baulichen Nutzung, der Bauweise und der zu überbauenden Grundstücksfläche beruhen.[180]

Im Rahmen dieser Abgrenzung lässt sich dann nicht eine insgesamt zu beachtende Umgebung ausmachen, sondern die maßgebliche Umgebung ist für jedes der in § 34 Abs. 1 S. 1 genannten städtebaulichen Kriterien gesondert

178 Brohm, Öffentliches Baurecht, 393.
179 BVerwGE 55, 369, 380.
180 BVerwG, NVwZ 1994, 284, 286 f.

festzustellen. Denn die Intensität der wechselseitigen Prägung und damit die räumliche Ausdehnung der näheren Umgebung schwankt von Merkmal zu Merkmal.[181]

b) Eigenart

Die Eigenart der auf diese Weise ermittelten näheren Umgebung bemisst sich nach der vorhandenen Bebauung, sofern von ihr eine prägende Wirkung ausgeht, wobei die Betrachtung der tatsächlichen Bebauung auf das Wesentliche beschränkt wird und etwa vorhandene Fremdkörper keine Beachtung finden.[182]

c) Einfügen

aa) Objektiv-rechtlich

Das Vorhaben muss sich schließlich in die Eigenart der näheren Umgebung einfügen. Dazu ist aus der vorhandenen Bebauung der maßgeblichen Umgebung ein Rahmen zu ermitteln. Es ist unabhängig voneinander für jedes der Merkmale des § 34 Abs. 1 S. 1, die Art und das Maß der baulichen Nutzung, die Bauweise und die zu überbauende Grundstücksfläche, die Bandbreite der verwirklichten baulichen Ausnutzung festzustellen[183]
Dabei kann zur Bestimmung der einzelnen städtebaulichen Kriterien des § 34 Abs. 1 S. 1 auf die in der BauNVO verwendeten Begriffsmerkmale als Auslegungshilfe zurückgegriffen werden.[184]
Verfügen beispielsweise die baulichen Anlagen in der nach oben beschriebener Methode ermittelten näheren Umgebung über zwei, drei oder vier Vollgeschosse, so schließt der Rahmen für das Maß der baulichen Nutzung hinsichtlich der Zahl der Vollgeschosse zwei bis vier Geschosse ein.[185] Daher ist der Rahmen um so enger, je einheitlicher die nähere Umgebung im Hinblick auf eines der städtebaulichen Kriterien strukturiert ist.[186]
Der derart festgestellte Rahmen wirkt sich sodann bei der Prüfung des Einfügens wie folgt aus:

---

181 Vgl. Bracher, in: G/B/R, Rn. 2276.
182 BVerwGE 55, 369, 380 f.
183 BVerwGE 55, 369, 384 f.
184 BVerwG, DVBl. 1994, 702, 703; Schmaltz, in: Schrödter, § 34, Rn. 35 ff.; Hoppe, BauR 2004, 607, 608.
185 Vgl. BVerwGE 55, 369, 385.
186 BVerwGE 55, 369, 385; Krautzberger, in: B/K/L, § 34, Rn. 15.

Hält sich das hinzukommende Vorhaben hinsichtlich der jeweiligen städtebaulichen Merkmale innerhalb des vorgefundenen Rahmens, so fügt es sich in der Regel in die Eigenart der näheren Umgebung ein.[187] Da allerdings die den Rahmen bildenden Nutzungen häufig innerhalb der näheren Umgebung ungleichmäßig verteilt sind und möglicherweise gerade die unmittelbare Umgebung des Vorhabens oder seine Umgebung in eine bestimmte Himmelsrichtung in besonderer Weise schutzwürdig sind, kann es nicht in jedem Falle ausreichen, dass der Rahmen insgesamt eingehalten wird. Von daher fügt sich das Bauvorhaben trotz Einhaltung des Rahmens ausnahmsweise dann nicht ein, wenn es an der gebotenen objektiven Rücksichtnahme auf die in der unmittelbaren Umgebung vorhandene Bebauung fehlt.[188] Dabei kommt es – entsprechend den Grundsätzen des objektiv-rechtlichen Rücksichtnahmegebots – darauf an, was im Einzelfall dem Nachbarn und was dem Bauherrn zuzumuten ist.[189]

Überschreitet das Vorhaben hingegen den Rahmen, so erweist es sich in der Regel als objektiv-rechtlich rücksichtslos und fügt sich nicht in die Eigenart der näheren Umgebung ein. Es kann sich aber trotz Nichteinhaltung des Rahmens ausnahmsweise dennoch einfügen, sofern es *„weder selbst noch infolge einer nicht auszuschließenden Vorbildwirkung geeignet ist, bodenrechtlich beachtliche Spannungen zu begründen oder vorhandene Spannungen zu erhöhen.“*[190] Es führt mit anderen Worten nicht zwangsläufig zur Unzulässigkeit des Bauvorhabens, wenn dieses im Hinblick auf ein städtebauliches Merkmal in der maßgebenden Umgebung noch ohne Vorbild ist. Entscheidend ist, dass das den Rahmen überschreitende Vorhaben in eine harmonische Beziehung zu der bereits vorhandenen Bebauung tritt.[191]
Das Rücksichtnahmegebot kommt also nicht nur in den Fällen zur Geltung, in denen das hinzutretende Vorhaben den sich aus der Umgebungsbebauung ableitenden Rahmen einhält, sich aber gleichwohl als rücksichtslos erweist. Sondern es kann erst recht dann verletzt sein, wenn der Rahmen überschritten wird und sich das Vorhaben infolge der Erzeugung bodenrechtlich beachtlicher Spannungen nicht einfügt.[192]

---

187 BVerwGE 55, 369, 385; BVerwG, BRS 59, 223, 224.
188 BVerwGE 55, 369, 385 f.
189 Hoppe, BauR 2004, 607, 611; siehe auch A 1.
190 BVerwG, BRS 59 (1997), 223, 224.
191 BVerwGE 55, 369, 386 f.; BVerwG, NVwZ 1986, 740.
192 Vgl. BVerwG, BRS 59 (1997), 223, 224; Bracher, in: G/B/R, Rn. 2366; Hoppenberg, in: Hoppenberg/de Witt, H, Rn. 180.

bb) Subjektiv-rechtlich

Nachbarschutz gewährt das BVerwG nach § 34 Abs. 1 nur, sofern das im Begriff des Einfügens enthaltene Gebot der Rücksichtnahme verletzt ist.[193] Voraussetzung ist also, dass sich das Vorhaben objektiv-rechtlich nicht in die Eigenart der näheren Umgebung einfügt.[194] Für einen nachbarlichen Abwehranspruch ist jedoch darüber hinaus erforderlich, dass – gemäß den vom Gericht im Urteil vom 25.2.1977 entwickelten Grundsätzen – in qualifizierter und zugleich individualisierter Weise auf schutzwürdige Interessen eines erkennbar abgegrenzten Kreises Dritter Rücksicht zu nehmen ist.[195]

Nachfolgend soll daher durch Auslegung der drittschützende Gehalt der Vorschrift ermittelt werden und untersucht werden, ob die vom BVerwG vorgenommene Beschränkung des Nachbarschutzes auf die Fälle qualifizierter und individualisierter Betroffenheit gerechtfertigt ist.

2) Auslegung

a) Zulässigkeitsmaßstab

Das BVerwG erkennt § 34 Abs. 1 keinen über eine Verletzung des Gebots der Rücksichtnahme hinausgehenden nachbarschützenden Charakter zu. Die als Planersatz dienende Vorschrift enthalte einen gegenüber den Festsetzungen eines Bebauungsplans eigenständigen Zulässigkeitsmaßstab, der notwendigerweise weniger scharf sei, da er sich an der Umgebungsbebauung zu orientieren habe.[196] Der sich aus der Eigenart der näheren Umgebung ableitende Maßstab sei notwendig grob und ungenau.[197] Von daher ließen sich auch die für den Bebauungsplanbereich geltenden Grundsätze des Nachbarschutzes nicht auf den unbeplanten Innenbereich übertragen.[198]

Dieser Rechtsprechung, die Erkenntnisse über den drittschützenden Charakter des § 34 Abs. 1 durch eine vergleichende Betrachtung des Planbereichs zu erlangen versucht, wird entgegengehalten, es mangele ihr an einer eigenständigen Auslegung des § 34 Abs. 1 selber. Zudem fehle eine Begründung

---

193 BVerwG, NVwZ-RR 1998, 540; Fickert/Fieseler, Vorbem §§ 2-9, 12-14, Rn. 29.1; Hoppe, BauR 2004, 607, 613; siehe auch A 1, 2.

194 BVerwG, NVwZ 1999, 879, 880.

195 BVerwG, DVBl. 1981, 928, 929; BVerwG, UPR 1983, 168; Seidel, 229 f.

196 BVerwG, NVwZ 1996, 888; BVerwG, NVwZ-RR 1998, 540.

197 BVerwG, DVBl. 1994, 702, 703; BVerwG, BauR 1996, 823.

198 BVerwG, NVwZ 1996, 888; vgl. zu § 34 BBauG 1960: BVerwGE 32, 173, 176.

dafür, weshalb die Besonderheiten des Planbereichs Vorbild für den Nachbarschutz insgesamt sein sollen.[199]

Es soll daher nachfolgend[200] § 34 Abs. 1 auf seinen subjektiv-rechtlichen Gehalt hin ausgelegt werden und in diesem Rahmen die Frage aufgeworfen werden, ob ein strikter Zulässigkeitsmaßstab, wie vom BVerwG gefordert, überhaupt als Voraussetzung für den Nachbarschutz angesehen werden kann.

Allerdings sei hier bereits die Annahme des BVerwG, der sich aus der Umgebungsbebauung ergebende Maßstab sei notwendigerweise weniger scharf als der, den die Festsetzungen eines Bebauungsplans für die Zulassung eines Vorhabens enthalten, in Frage gestellt:
Das Gericht weist zu Recht darauf hin, dass § 34 Abs. 1 selber keinen abschließenden Maßstab für die Zulässigkeit eines Vorhabens enthält, sondern dieser sich erst aus der tatsächlichen Bebauung der Umgebung in Verbindung mit dem Gebot des Einfügens ergibt. Wenn aber die im jeweiligen Einzelfall vorliegenden Verhältnisse entscheidend sind, so erscheint es nicht sachgerecht, den sich daraus ableitenden Maßstab pauschal als *„notwendig grob und ungenau"*[201] zu bezeichnen. Zwar wird es in der Mehrzahl der Fälle so sein, dass in der näheren Umgebung des Bauvorhabens eine mehr oder weniger große Vielfalt der verwirklichten baulichen Nutzungen vorherrscht. Jedoch kann die Eigenart der maßgeblichen Umgebung auch sehr homogen strukturiert sein.[202]
Das Gesetz selber geht in § 34 Abs. 2 hinsichtlich der Art der baulichen Nutzung davon aus, dass die Eigenart der näheren Umgebung im unbeplanten Innenbereich einer planerischen Gebietsausweisung entsprechen kann. Eine solche Vergleichbarkeit der tatsächlichen Bebauung mit den Festsetzungen eines Bebauungsplans ist auch für die anderen städtebaulichen Kriterien des § 34 Abs. 1 S. 1 nicht auszuschießen.
Je einheitlicher aber die Bebauung in der zu beachtenden Umgebung ist, desto enger ist auch der daraus zu gewinnende Rahmen und damit die Möglichkeit, diesen zu überschreiten, ohne bodenrechtlich beachtliche Spannungen zu erzeugen.[203]

---

199 Vgl. Erbguth, FS Ernst, 89, 100.
200 Siehe D I 2 b, c.
201 Vgl. BVerwG, DVBl. 1994, 702, 703.
202 Vgl. Mampel, BauR 1999, 854, 857.
203 Vgl. BVerwGE 55, 369, 385.

Das BVerwG berücksichtigt zudem die Umgebung nur insoweit, als diese das Baugrundstück prägt.[204] Dabei geht von der Umgebungsbebauung eine umso stärker prägende Wirkung aus, je einheitlicher sie baulich strukturiert ist.[205] Die nähere Umgebung kann somit, dies bringt der Begriff der Prägung zum Ausdruck, einen sehr starken Einfluss auf die Ausnutzbarkeit des zu bebauenden Grundstücks ausüben. Dieser Einfluss verstärkt sich bei einer einheitlichen, reinen Umgebungsbebauung zu einem strikten Zulassungsprogramm für das hinzukommende Vorhaben.
Der sich aus einer homogen bebauten, unbeplanten Umgebung ableitende Zulässigkeitsmaßstab kann somit im Einzelfall ebenso scharf sein, wie die Festsetzungen eines Bebauungsplans.[206]
Das BVerwG geht sogar in einer Entscheidung vom 11.3.1988 darüber hinaus und bezeichnet die in einem Bebauungsplan rechtmäßig getroffene Festsetzung einer Gemeinbedarfsfläche mit dem Zusatz „*Schule und Anlagen für soziale und sportliche Zwecke*" als weniger konkret als den Zulässigkeitsmaßstab, der sich ohne Bebauungsplan aus der Eigenart der näheren Umgebung nach § 34 Abs. 1 ergeben würde.[207]
Mit anderen Worten sind auch Konstellationen nicht ausgeschlossen, in denen der von einem Bebauungsplan festgesetzte Rahmen weiter ist als der Zulässigkeitsmaßstab, der in der selben Situation bei einer Anwendung von § 34 Abs. 1 einschlägig wäre. Damit setzt sich das Gericht in Widerspruch zu seiner oben zitierten Aussage, der sich aus § 34 Abs. 1 ergebende Maßstab sei gegenüber den Festsetzungen eines Bebauungsplans notwendigerweise weniger scharf.

b) Abgrenzbarkeit

Zum zweiten stützt die Rechtsprechung ihre ablehnende Haltung gegenüber einer drittschützenden Wirkung des § 34 Abs. 1 seit dem zu § 34 BBauG 1960 ergangenen Urteil des BVerwG vom 13.6.1969 auf die fehlende praktikable Abgrenzung eines berechtigten Personenkreises.[208] Im Gegensatz zum Planbereich lasse sich in den Fällen des § 34 ein bestimmtes, klar umgrenztes Gebiet nicht feststellen.[209] Die Entscheidung spricht § 34 BBauG 1960 von

204 Vgl. BVerwGE 55, 369, 380.
205 Vgl. Bracher, in: G/B/R, Rn. 2272.
206 Vgl. Mampel, BauR 1999, 854, 857.
207 Vgl. BVerwG, BauR 1988, 448, 451.
208 Vgl. BVerwGE 32, 173, 175 ff.
209 BVerwGE 32, 173, 176 f.

daher jeglichen nachbarschützenden Charakter ab und verweist den Kläger auf den eigentumsrechtlichen Nachbarschutz aus Art. 14 Abs. 1 GG.[210]
Auch im Anschluss an die BBauG Novelle 1976, die für § 34 Abs. 1 eine Änderung seiner tatbestandlichen Voraussetzungen von der Unbedenklichkeit des Vorhabens nach der vorhandenen Bebauung (so die bis 1976 geltende Fassung) zum Einfügen in die Eigenart der näheren Umgebung mit sich brachte, beruft sich das Gericht weiterhin auf seine Rechtsprechung aus dem Urteil vom 13.6.1969. Bis auf die mittlerweile anerkannte drittschützende Wirkung des – auch in § 34 Abs. 1 enthaltenen – Rücksichtnahmegebots wird ein subjektiv-rechtlicher Charakter der Norm unter Verweis auf die oben genannte Entscheidung abgelehnt.[211]

Wenn aber ein Nachbarschutz aus § 34 Abs. 1 daran scheitern soll, dass die Zahl der durch die Norm Berechtigten mangels fest umrissener Grenzen der jeweiligen Gebiete nicht hinreichend bestimmt ist, so leuchtet nicht ein, weshalb § 34 Abs. 2 in Verbindung mit den Baugebietsvorschriften der BauNVO von der Rechtsprechung[212] als grundsätzlich drittschützend angesehen wird.
Das BVerwG folgert aus der durch § 34 Abs. 2 erfolgten Gleichstellung geplanter und sogenannter faktischer Baugebiete im Sinne der BauNVO im Hinblick auf die zulässige Art der baulichen Nutzung, dass insofern auch ein identischer Nachbarschutz besteht.[213] Der betroffene Nachbar kann somit im unbeplanten Innenbereich für den Fall, dass die Eigenart der näheren Umgebung einem der Baugebiete der BauNVO entspricht, hinsichtlich der Art der baulichen Nutzung den gleichen Drittschutz wie im Bebauungsplanbereich beanspruchen.[214] Das heißt, er kann unabhängig von einer tatsächlich spürbaren und nachweisbaren eigenen Beeinträchtigung die Zulassung eines mit der Gebietsart unvereinbaren Vorhabens abwehren.[215]
Aus § 34 Abs. 2 lässt sich aber ebenso wenig wie aus § 34 Abs. 1 ein festumrissenes Plangebiet ablesen. Die beiden Absätze der Vorschrift stellen hinsichtlich ihrer räumlichen Ausdehnung in gleicher Weise auf die nähere Umgebung ab.[216] Wie weit die nähere Umgebung reicht, steht zwar nicht wie die Grenzen eines Bebauungsplangebiets von vornherein fest, ist aber anhand der

---

210 BVerwGE 32, 173, 178.
211 Vgl. BVerwG, NJW 1981, 1973; BVerwG, DVBl. 1981, 928, 929; BVerwG, NVwZ 1993, 1184, 1185; Wahl, JuS 1984, 577, 582.
212 Vgl. BVerwG, NVwZ-RR 1997, 463, 464.
213 BVerwG, DVBl. 1994, 284, 286.
214 Vgl. Hoppenberg, in: Hoppenberg/de Witt, H, Rn. 185.
215 BVerwG, NVwZ-RR 1997, 463, 464.
216 Vgl. BVerwG, BauR 2004, 1567, 1571.

vom BVerwG entwickelten Grundsätze der wechselseitigen Prägung[217] eindeutig bestimmbar.

Aber auch im Planbereich ist die Reichweite des nachbarlichen Abwehranspruchs jeweils gesondert festzustellen. Dies ergibt sich aus einem Beschluss des BVerwG vom 20.8.1998.[218] Gegenstand des Beschlusses ist zwar ein Fall des § 34 Abs. 2, das Gericht begrenzt seine Aussage aber nicht auf die sogenannten faktischen Baugebiete. Es führt aus, dass der auf die Erhaltung der Gebietsart gerichtete Nachbarschutz sich nicht auf alle zu der selben Gebietskategorie gehörenden Grundstücke erstreckt, sondern auf die Grundstücke begrenzt ist, zwischen denen eine wechselseitige Prägung besteht.[219] Das Gericht ist so zu verstehen, dass dies auch für den Gebietserhaltungsanspruch in einem Bebauungsplangebiet gilt. Es bedarf also auch in einem festumrissenen Plangebiet für die Bestimmung der Reichweite des Nachbarschutzes jeweils der Feststellung einer wechselseitigen Prägung der benachbarten Grundstücke.[220] Die äußeren Grenzen des Plangebiets bezeichnen also nicht einen automatisch anfechtungsberechtigten Personenkreis.

Seit dem Urteil des BVerwG vom 19.9.1986[221] kommt es zudem für den Drittschutz gar nicht mehr auf die eindeutige räumliche Abgrenzbarkeit eines geschützten Personenkreises an. Es reicht vielmehr aus, dass sich ein seiner Art nach von der Allgemeinheit unterscheidbarer Personenkreis anhand individualisierender Tatbestandsmerkmale der Norm feststellen lässt.[222]
§ 34 Abs. 1 verlangt mit dem Gebot des Einfügens in die Eigenart der näheren Umgebung nichts anderes als ein sich Anpassen an Vorhandenes. Einfügen heißt auch Rücksicht nehmen auf die jeweils vorgefundene Situation.[223] Dadurch werden nicht nur öffentliche Interessen, sondern auch Positionen Privater geschützt. Es kann im Rahmen des § 34 Abs. 1 natürlich nur auf solche Positionen der Nachbarn abgestellt werden, die von einem der in der Vorschrift genannten städtebaulichen Kriterien erfasst werden. Durch diese individualisierende Ausrichtung des Tatbestandsmerkmals Einfügen sowie der Begrenzung auf die bauliche Struktur der näheren Umgebung, lässt sich im Einzelfall ein begünstigter, von der Allgemeinheit unterscheidbarer

---

217 Siehe D I 1 a.
218 Vgl. BVerwG, BauR 1999, 32.
219 BVerwG, BauR 1999, 32, 33.
220 Vgl. Dürr/Middeke, Rn. 327; Reidt, in: G/B/R, Rn. 2049.
221 BVerwG, DVBl. 1987, 476, 477.
222 Siehe B III 1 b.
223 Vgl. Fickert/Fieseler, Vorbem §§ 2-9, 12-14, Rn. 30.2; Koch/Hendler, § 28, Rn. 27.

Personenkreis ausmachen.[224] Sofern das Einfügen im Interesse der in der näheren Umgebung vorhandenen Grundeigentümer gefordert wird, spricht nach dieser Auslegungsmethode viel für eine insoweit drittschützende Wirkung des § 34 Abs. 1.[225]

c) Austauschverhältnis

aa) Allgemeines

Maßgebliche Bedeutung für den Nachbarschutz kommt nach dem BVerwG im Bereich des Bauplanungsrechts dem Gedanken des wechselseitigen Austauschverhältnisses zu.[226] Diesen sah das Gericht ursprünglich in den Festsetzungen eines Bebauungsplans und hier insbesondere in den Festsetzungen über die zulässige Art der baulichen Nutzung verankert. Es hat diese Grundsätze jedoch mittlerweile auch auf die Fälle des § 34 Abs. 2 ausgedehnt,[227] so dass sich die Frage stellt, ob sie auch für § 34 Abs. 1 fruchtbar gemacht werden können.
Bei Anwendung des Gedankens des nachbarlichen Austauschverhältnisses ist danach zu fragen, ob der jeweiligen Norm – hier § 34 Abs. 1 – bei objektiver Auslegung das Ziel eines Ausgleichs wechselbezüglicher privater Interessen zu entnehmen ist. Die Vorschrift muss, um drittschützend zu wirken, den nachbarlichen Interessenkonflikt aufgreifen und zu einem sachgerechten Ausgleich führen.[228]

Grundvoraussetzung ist mit anderen Worten, dass überhaupt ein Konflikt vorliegt. Sofern nachbarliche Interessen gar nicht in Widerstreit geraten, ist auch eine subjektive Rechte begründende Konfliktlösung auf gesetzlicher Ebene nicht denkbar.[229]
Ein ausgleichsbedürftiger bauplanungsrechtlicher Konflikt entsteht zum einen dann nicht, wenn eine gesetzlich geregelte Materie sich ihrer Natur nach nicht auf das Verhältnis der benachbarten Privaten auswirkt. So kommt etwa dem in § 34 Abs. 1 S. 1 normierten Erfordernis einer gesicherten Erschließung eine auf das jeweilige Baugrundstück beschränkte Sichtweise zu und es stellt keinen

224 Vgl. Schmaltz, in: Schrödter, § 34, Rn. 81; Theis, BauR 2004, 1703, 1704.
225 Vgl. Dürr, in: Brügelmann, § 34, Rn. 86.
226 BVerwG, DVBl. 1994, 284, 285.
227 Vgl. BVerwG, DVBl. 1994, 284, 285 f.
228 Vgl. BVerwGE 101, 364, 374 f.
229 Mampel, BauR 1999, 854, 858.

Bezug zum Nachbargrundstück her. Die Erschließung wird ausschließlich im öffentlichen Interesse gefordert;[230] Belange der Nachbarschaft werden dadurch erst gar nicht tangiert.
Zum zweiten ist, sofern gegenläufige nachbarliche Interessen aufeinandertreffen, der Konflikt in seiner räumlichen Ausdehnung notwendigerweise begrenzt. Mit Grundeigentümern, die außerhalb des Einwirkungsbereichs einer Anlage wohnen, entsteht somit ebenfalls kein Konflikt. Die Reichweite der tatsächlichen Konfliktlage ist somit in jedem Einzelfall festzustellen.[231]

Ferner muss die Vorschrift die Verwirklichungsinteressen des Bauherrn und die damit kollidierenden Verschonungsinteressen der Nachbarschaft zu einem Ausgleich führen. Es reicht demnach nicht aus, dass der nachbarliche Konflikt von der Regelung zwar erfasst wird, den privaten Konfliktgegnern aber zugemutet wird, diesen hinzunehmen. Die Interessengegensätze dürfen nicht bestehen bleiben, sondern müssen von der Norm verarbeitet und dadurch ausgeräumt werden.[232] Dies erfolgt regelmäßig in der Weise, dass nicht eine Seite ihre Interessen vollumfänglich durchsetzt, sondern die gegenläufigen Belange in einem Kompromiss gerecht austariert werden. Wird der Konflikt der kollidierenden Privatinteressen derart geschlichtet, so sollen sich die Träger dieser Interessen auch auf die Einhaltung der gesetzlichen Ausgleichsordnung berufen können. [233]

bb) Begriff des Einfügens

Es fragt sich, ob ein solches nachbarliches Austauschverhältnis auch im nicht beplanten Innenbereich vorliegen kann. § 34 Abs. 1 S. 1 verlangt, dass sich das Vorhaben in die Eigenart der näheren Umgebung einfügt. Dabei wird der Begriff des Einfügens vom BVerwG im Sinne eines harmonischen Hinzutretens verstanden.[234] Das Vorhaben muss nach den Worten des BVerwG *„in eine harmonische Beziehung zur vorhandenen Bebauung“* treten.[235] Hier wird deutlich, dass es sich bei dem Einfügen um ein Kriterium mit positiver Tendenz handelt.[236] Dafür spricht auch der Vergleich mit dem früheren Wortlaut der

---

230 Vgl. Dürr/Middeke, Rn. 333; Seidel, 188.
231 Vgl. Mampel, BauR 1999, 854, 858 f.
232 Vgl. Mampel, BauR 1999, 854, 858 f.
233 Schmidt-Preuß, Privatinteressen, 248.
234 Vgl. BVerwGE 55, 369, 386; Krautzberger, in: B/K/L, § 34, Rn. 16.
235 BVerwG, NVwZ 1986, 740.
236 Hoppe, BauR 2004, 607, 611 f.; so auch Dürr/Middeke, Rn. 115.

Norm, wonach lediglich die Unbedenklichkeit des Vorhabens nach der vorhandenen Bebauung zu prüfen war. Das Erfordernis des Einfügens stellt demgegenüber höhere Anforderung an ein Vorhaben, nämlich dass dieses sich der Eigenart der näheren Umgebung konstruktiv anpasst. Dadurch soll ein verträgliches Miteinander der einzelnen Grundstücksnutzungen sichergestellt werden.[237]

Das zu verwirklichende Vorhaben passt sich der vorhandenen Bebauung aber nur dann harmonisch an, wenn eventuell auftretende Konflikte zuvor ausgeräumt werden. Der Begriff der Harmonie setzt also voraus, dass gegenläufige Interessen auf horizontaler Ebene zu einem gerechten Ausgleich geführt werden.[238]

Schmidt-Preuß drückt diesen Umstand so aus, dass durch das Erfordernis des Einfügens die aufeinandertreffenden gegensätzlichen Interessen „*dem Konfliktschlichtungsprogramm harmonischer Beziehungen im Baunachbarschaftsverhältnis unterstellt*" werden.[239]

Aus dieser wechselseitigen Verpflichtung, sich in die Eigenart der näheren Umgebung einzufügen, entsteht eine innere Verbundenheit der Grundeigentümer.[240] Der Bauherr ist verpflichtet, sich der in der Umgebung vorhandenen Bebauung anzupassen und kann dafür darauf vertrauen, dass auch eventuelle Bauvorhaben der übrigen Eigentümer dem Gebietscharakter entsprechen müssen.[241] Diese gegenseitige Verantwortung der Grundeigentümer, die städtebauliche Harmonie der näheren Umgebung zu bewahren, verbindet sie zu einer Nachbarschutz begründenden Austauschgemeinschaft. § 34 Abs. 1 kommt demnach mit dem positiven Erfordernis des Einfügens in die Umgebung ein nachbarschützender Gehalt zu.

Das bedeutet jedoch nicht, dass § 34 Abs. 1 hinsichtlich des Merkmals Einfügen in vollem Umfang drittschützend wirkt. Die Norm kann subjektive öffentliche Rechte nur dann begründen, wenn das Einfügen in die nähere Umgebung auch im privaten Interesse der Nachbarn gefordert wird.[242] Es ist deshalb unten[243] für die in § 34 Abs. 1 S. 1 genannten städtebaulichen Kriterien zu prüfen, inwiefern sie eine Ausgleichsordnung zwischen den in einem Gebiet vorhandenen Grundeigentümern herstellen können.

---

237 BVerwG, DVBl. 1994, 284, 285.
238 Vgl. Mampel, BauR 1999, 854, 859.
239 Vgl. Schmidt-Preuß, Privatinteressen, 252 f.
240 Vgl. Dürr, in: Brügelmann, § 34, Rn. 86.
241 Vgl. Erbguth, FS Ernst, 89, 101.
242 Vgl. Dürr, in: Brügelmann, § 34, Rn. 86.
243 D I 2 c dd folgende.

cc) Maßgeblichkeit der vorhandenen Bebauung

Bevor auf die einzelnen städtebaulichen Kriterien des § 34 Abs. 1 S. 1 eingegangen wird, sei allerdings noch einmal das Zulassungsprogramm der Vorschrift näher betrachtet. Oben war der Begriff des Einfügens mit einem harmonischen Hinzutreten umschrieben worden und gerade aus diesem Umstand die konfliktschlichtende Zielrichtung des Merkmals Einfügen abgeleitet worden. Was geschieht aber, wenn in der maßgeblichen Umgebung des Bauvorhabens im Hinblick auf eines der Kriterien des § 34 Abs. 1 S. 1 schon gar keine städtebauliche Harmonie besteht, sondern eine diffuse Bebauung vorherrscht? Kann es zu einem subjektive Rechte begründenden Austauschverhältnis auf horizontaler Ebene kommen, wenn von vornherein eine städtebauliche Disharmonie gegeben ist?

§ 34 Abs. 1 schafft nämlich keine städtebauliche Harmonie aus sich heraus. Die Vorschrift ist lediglich in der Lage, dort, wo sie in tatsächlicher Hinsicht auf harmonische Verhältnisse trifft, diese zu bewahren, indem sie vorschreibt, dass sich eine hinzukommende bauliche Anlage der vorhandenen Bebauung anpassen muss. Sie verfügt, indem sie den Maßstab für die Zulässigkeit eines Vorhabens nicht selber vorgibt, über ein „*unvollständiges Normativprogramm.*“[244] Der jeweils zu beachtende Maßstab ergibt sich vielmehr aus der vorhandenen Bebauung der näheren Umgebung und wird mit dem tatbestandlichen Gebot des Einfügens zum Zulassungsprogramm für ein neues Vorhaben komplettiert.[245] *Hoppe* spricht in diesem Zusammenhang von der Vorbildfunktion der vorhandenen Bebauung.[246] Es kommt somit für die Beurteilung der drittschützenden Wirkung des § 34 Abs. 1 auf die im Einzelfall vorgefundenen baulichen Verhältnisse in der näheren Umgebung an:

(1) Uneinheitliche Bebauung

Ist in der maßgeblichen Umgebung hinsichtlich eines der in § 34 Abs. 1 S. 1 benannten städtebaulichen Kriterien eine große Bandbreite der verwirklichten Nutzungen vorhanden, so wird sich insofern auch ein weiter Rahmen feststellen lassen.[247] Die Wahrscheinlichkeit, dass ein hinzukommendes Vorhaben den Rahmen der schon vorhandenen Bebauung einhält, ist groß. Selbst wenn es den

---

244 So Mampel, BauR 1999, 854, 860.
245 Vgl. Mampel, BauR 1999, 854, 860.
246 Hoppe, BauR 2004, 607, 610.
247 Vgl. BVerwGE 55, 369, 385.

Rahmen überschreiten sollte, so wird es häufig wegen der Vielfalt der Nutzungen keine städtebaulich beachtlichen Spannungen erzeugen und sich somit auch einfügen.
§ 34 Abs. 1 belässt es in einem solchen, uneinheitlichen Innenbereich bei der vorgefundenen Vielfalt. Der Konflikt der verschiedenartigen, widerstreitenden Interessen ist, da er der maßstabsbildenden Eigenart der näheren Umgebung entspricht, von Gesetzes wegen zugelassen. Dem Bauherrn bietet sich innerhalb des weiten Rahmens ein großes Spektrum, sein Grundstück baulich auszunutzen; der Nachbar muss Vieles hinnehmen. Innerhalb der Grenzen des Einfügens lässt § 34 Abs. 1 somit die privaten Interessenkollisionen bestehen. Der vorgefundene Konflikt wird zwar von der Regelung aufgegriffen, aber nicht ausgeräumt.[248] Sofern von vornherein keine städtebauliche Harmonie existiert, beabsichtigt § 34 Abs. 1 auch nicht eine solche zu schaffen. Aufeinandertreffende Interessengegensätze werden in weitem Umfang geduldet. Das sich einfügende Vorhaben ist insofern objektiv-rechtlich zulässig; subjektive Rechte der Nachbarn können also gar nicht entstehen.

Jedoch kann auch in einem derart heterogenen, unbeplanten Innenbereich ein Bauvorhaben den Rahmen der Umgebungsbebauung überschreiten und gleichzeitig städtebauliche Spannungen hervorrufen. Es fügt sich dann nicht in die Eigenart der näheren Umgebung ein und ist deshalb objektiv-rechtlich unzulässig. § 34 Abs. 1 verhindert so eine weitere Verschlechterung der Situation. Zwar wird dadurch keine Harmonie erzeugt – eine solche hat es ja nie gegeben, aber immerhin wird eine zusätzlich disharmonische Entwicklung verhindert.
Fraglich ist, ob sich der Nachbar in einem solchen Fall gegen das objektiv rechtswidrige Vorhaben zur Wehr setzen kann. Oben war ja schließlich festgestellt worden, dass dem (hier verletzten) Begriff des Einfügens eine drittschützende Tendenz innewohnt.[249]
Es fehlt jedoch in diesen Fällen regelmäßig an einem wechselseitigen Austauschverhältnis. Das nachbarliche Verhältnis ist aufgrund der unterschiedlichen baulichen Ausnutzung der Grundstücke bereits gestört. Es besteht eine ungelöste Konfliktlage. Die uneinheitliche Bebauung hat zu Folge, dass sich Vieles in sie einfügen wird und insofern objektiv-rechtlich zulässig ist. Der Grundeigentümer in einem solchen Gebiet muss also mit Vielem rechnen und für ihn ist nur schwer zu erkennen, ab welchem Grad eine hinzukommende Bebauung sich nicht mehr einfügen würde. Für ein nachbarliches

---

248 Vgl. Mampel, BauR 1999, 854, 858 f.
249 Siehe D I 2 c bb.

Austauschverhältnis ist es aber gerade entscheidend, dass sich aus der vorhandenen Bebauung in Verbindung mit dem Gebot des Einfügens für jedermann nachvollziehbar und auch prognostizierbar ergibt, welche bauliche Ausnutzung zulässig wäre und welche nicht. Unter den betroffenen Eigentümern in einem diffus bebauten Innenbereich entsteht somit erst gar kein Vertrauen darauf, dass das Gebiet seine jeweilige Eigenart behält, weil sie die Entwicklung nicht absehen können. Dieses gegenseitige, ihre Schutzbedürftigkeit begründende Vertrauen bildet aber die Grundlage für die rechtliche Verbundenheit der Grundeigentümer untereinander, ohne die es erst gar nicht zu einer bodenrechtlichen Schicksalsgemeinschaft kommt.

(2) Homogene Bebauung

Im Umkehrschluss bedeutet dies, dass Voraussetzung einer drittschützenden Wirkung des Merkmals Einfügen in § 34 Abs. 1 eine homogene Struktur des betreffenden Gebiets ist. Die vorhandene städtebauliche Harmonie wird durch die wechselseitige Rücksichtnahme der Eigentümer aufrechterhalten, indem sich ein jeder in der baulichen Ausnutzung seines Grundstücks an das Vorhandene anpasst. Rechtlich wird dies durch das gesetzliche Einfügensgebot abgesichert.[250] Dabei ist infolge der auch äußerlich erkennbaren Einheitlichkeit der näheren Umgebung die weitere Entwicklung des Gebiets deutlich vorgezeichnet. Für ein zu bebauendes Grundstück ergibt sich aufgrund des prägenden Einflusses der reinen, einheitlichen Umgebungsbebauung ein striktes Zulassungsprogramm.[251] Somit entsteht ein gegenseitiges Vertrauen auf die Einhaltung bestimmter, einen nachbarlichen Konflikt vermeidender städtebaulicher Kriterien. Dieses Vertrauen verbindet die Grundeigentümer in der näheren Umgebung zu einer Nachbarschutz begründenden Austauschgemeinschaft.

Ob eine in diesem Sinne homogene Bebauung vorliegt, kann nur im konkreten Einzelfall entschieden werden. Ausschlaggebend ist, wie bei der Beurteilung des Einfügens in § 34 Abs. 1 überhaupt, deren optische Wahrnehmbarkeit. Denn eine Austauschgemeinschaft entsteht nur, wenn die Grundeigentümer in der näheren Umgebung die durchgängige Einhaltung bestimmter städtebaulicher Kriterien als solche erkennen können.

---

250 Vgl. Mampel, BauR 1999, 854, 857.

251 Siehe D I 2 a.

Von daher trifft auch die (oben bereits aufgegriffene)[252] grundsätzliche Aussage des BVerwG zu, ein strikter Zulässigkeitsmaßstab sei Voraussetzung für einen bauplanungsrechtlichen Drittschutz.[253] Der Grund für dieses Erfordernis ist jedoch, dass andernfalls – wie soeben dargelegt – kein wechselseitiges Austauschverhältnis zwischen den Eigentümern im unbeplanten Innenbereich entsteht.

Eine städtebauliche Harmonie mit dem sich daraus ergebenden strikten Zulassungsprogramm ist in diesem Zusammenhang nicht zwangsläufig mit einer ruhigen und aufgelockerten, qualitativ hochwertigen Wohnbebauung gleichzusetzen. Auch eine einheitliche gewerbliche Nutzung mit hohen Nutzungsmaßen und einer weitgehenden Überbauung der Grundstücksflächen stellt ein insoweit harmonisches Stadtbild dar, welches zum Beispiel durch ein Wohnbauvorhaben in der näheren Umgebung aus dem Gleichgewicht gebracht würde.

(3) Vergleich mit § 34 Abs. 2 BauGB

Aus dem soeben Ausgeführten ergibt sich, dass das Merkmal des Einfügens in § 34 Abs. 1 subjektive Rechte vermittelt, wenn es auf ein einheitlich strukturiertes Gebiet trifft, in dem die Grundeigentümer zu einer Austauschgemeinschaft verbunden sind, und es die dort auftretenden städtebaulichen Konflikte unter den Privaten zu einem gerechten Ausgleich führt. Es kommt also für die Frage, ob im Einzelfall Drittschutz nach § 34 Abs. 1 besteht, auf die jeweils tatsächlich vorhandene Bebauung der näheren Umgebung an.

Insofern bietet sich der Vergleich mit § 34 Abs. 2 an. In den von dieser Vorschrift erfassten Fällen entspricht die Art der vorhandenen Bebauung in der näheren Umgebung eines zu errichtenden Vorhabens einem der Baugebietstypen der BauNVO. Es dürfen also in der maßgeblichen Umgebung ausschließlich bauliche Anlagen vorhanden sein, die einem der Baugebiete der §§ 2 ff. BauNVO zuzuordnen sind.[254] Das setzt voraus, dass die Umgebungsbebauung hinsichtlich der Art der baulichen Nutzung homogen strukturiert ist.[255] Denn in den einzelnen Baugebietstypen der BauNVO sind nur solche Nutzungsarten zusammengefasst, die untereinander verträglich sind und weitestgehend konfliktfrei in direkter Nachbarschaft zueinander errichtet werden können. Mit

---

252 Siehe D I 2 a.

253 Vgl. BVerwG, NVwZ 1996, 888.

254 Söfker, in: E/Z/B/K, § 34, Rn. 79.

255 Vgl. Dürr, in: Brügelmann, § 34, Rn. 52; Söfker, in: E/Z/B/K, § 34, Rn. 78; Stüer, Handbuch des Bau- und Fachplanungsrechts, E, Rn. 2302.

der Gebietsart unvereinbare Vorhaben sind in einem solchen faktischen Baugebiet unzulässig, da der jeweilige Gebietscharakter erhalten bleiben und einer schleichenden Verfremdung des Gebiets vorgebeugt werden soll.[256] Insofern besteht auch hier ein wechselseitiges Austauschverhältnis unter den Grundeigentümern.[257] Dieses nachbarliche Austauschverhältnis hat – ebenso wie im Falle des § 34 Abs. 1 – seine Grundlage in der homogenen Struktur der vorhandenen Bebauung. Denn nur wenn im Einzelfall die Eigenart der näheren Umgebung nach der Art der Nutzung einheitlich bebaut ist, besteht auch ein besonderer Gebietscharakter, der gesetzlich über § 34 Abs. 2 i.V.m. §§ 2 ff. BauNVO erhalten werden soll.

Hinsichtlich des Nachbarschutzes kann in diesen Fällen nicht auf den Willen der Gemeinde abgestellt werden, da es sich ja um einen unbeplanten Innenbereich handelt.[258] Ein nachbarlicher Abwehranspruch wird – unabhängig von einer tatsächlich spürbaren, eigenen Beeinträchtigung – bereits durch die Zulassung eines gebietsfremden Vorhabens ausgelöst, weil dadurch das wechselseitige Austauschverhältnis gestört würde.[259] Es kommt also auch bei § 34 Abs. 2 und dem darüber vermittelten Nachbarschutz maßgeblich auf die tatsächlich vorhandene Bebauung in der Umgebung eines Vorhabens an.

Die Tatsache, dass das BVerwG dem § 34 Abs. 2 aufgrund des Gedankens des wechselseitigen Austauschverhältnisses eine grundsätzlich drittschützende Wirkung zuerkennt,[260] bestätigt die oben aufgestellte These, wonach Voraussetzung eines nachbarlichen Austauschverhältnisses mit den sich daraus ergebenen Konsequenzen für den Nachbarschutz eine einheitliche bauliche Struktur der näheren Umgebung eines Bauvorhabens ist.

(4) Ausnahme

Fraglich ist allerdings, wie mit Fällen zu verfahren ist, in denen die maßgebliche Umgebung im unbeplanten Innenbereich für sich betrachtet uneinheitlich bebaut ist, so dass ein Austauschverhältnis nach dem oben Gesagten nicht vorliegen dürfte, jedoch ein Bauwerk geplant ist, welches den Rahmen der vorhandenen Bebauung bei weitem überschreiten und zu massiven städtebaulichen Spannungen führen würde. Zu denken ist etwa an ein Gebiet mit zwei- bis

---

256 Fickert/Fieseler, Vorbem §§ 2-9, 12-14, Rn. 30.
257 BVerwG, NVwZ-RR 1997, 463, 464.
258 BVerwG, DVBl. 1994, 284, 286.
259 BVerwG, NVwZ-RR 1997, 463, 464.
260 Vgl. BVerwG, NVwZ-RR 1997, 463, 464; Fickert/Fieseler, Vorbem §§ 2-9, 12-14, Rn. 30.

fünfgeschossiger Bebauung, in deren Mitte ein zwanziggeschossiges Hochhaus entstehen soll.
Bei einer isolierten Betrachtung der vorhandenen Bebauung wird man hier wohl keine homogene Struktur und dementsprechend auch keinen strikten Zulässigkeitsmaßstab hinsichtlich des Maßes der baulichen Nutzung annehmen können. In Relation zu dem zwanziggeschossigen Vorhaben wirkt die nähere Umgebung jedoch wiederum einheitlich.
Sofern sich also eine an sich heterogene Bebauung gegenüber einem krass überdimensionierten und sich infolge dessen nicht einfügenden Vorhaben als vergleichsweise einheitlich darstellt, kann ihre Struktur ausreichen, um insofern ein Austauschverhältnis unter den Eigentümern zu erzeugen. Entscheidend ist, ob die Grundeigentümer in dem Gebiet trotz dessen einigermaßen diffuser Struktur darauf vertrauen können, dass zumindest ein den Rahmen derart sprengendes Vorhaben sich keinesfalls einfügt.
Die geschilderte Konstellation kann allerdings nur in jenen besonderen Ausnahmefällen greifen, in denen der Gegensatz zwischen der vorhandenen Bebauung und dem geplanten Vorhaben so immens ist, dass die bereits existierenden städtebaulichen Konflikte innerhalb der vorhandenen Bebauung demgegenüber keine Rolle mehr spielen. Im Grundsatz ist für eine nachbarschützende Wirkung des § 34 Abs. 1 hingegen daran festzuhalten, dass sich die Eigenart der näheren Umgebung als solche bereits als homogen erweisen muss.

dd) Art der baulichen Nutzung

Wie soeben festgestellt, kommt es bei der Beurteilung der drittschützenden Wirkung des § 34 Abs. 1 auf die im jeweiligen Einzelfall vorliegenden baulichen Verhältnisse in der näheren Umgebung an. Dabei ist aber weiter nach den einzelnen städtebaulichen Kriterien des § 34 Abs. 1 S. 1 zu differenzieren. Denn die Frage, ob sich ein Vorhaben in die vorhandene Bebauung einfügt, bemisst sich ausschließlich anhand der in der Norm aufgezählten städtebaulichen Merkmale. Es ist deshalb nachfolgend zu untersuchen, inwieweit die einzelnen Kriterien des Einfügens auch den individuellen Interessen der Nachbarn dienen können und damit eine wechselseitige Ausgleichsordnung unter den Grundeigentümern zu begründen in der Lage sind.

Bei der Prüfung, ob sich ein geplantes Vorhaben hinsichtlich der Art der baulichen Nutzung in die Eigenart der näheren Umgebung einfügt, können die in den §§ 2 ff. BauNVO typisierten Nutzungsarten als Auslegungshilfe herangezogen werden.[261] Enthält jedoch die maßgebliche Umgebung Elemente mehrerer Baugebietskategorien der BauNVO, so können nicht sämtliche in den einschlägigen Baugebietstypen zulässigen Nutzungsarten verwirklicht werden. Entscheidend ist vielmehr, welche Arten baulicher Nutzung in der näheren Umgebung tatsächlich vorhanden sind.[262]

Dem Kriterium der Art der baulichen Nutzung kommt eine hohe nachbarrechtliche Relevanz zu. Ihm ist keine auf das jeweilige Grundstück beschränkte Tendenz eigen, sondern es wirkt sich in besonderer Weise in einem größeren Raum aus. Gerade hinsichtlich der Art der baulichen Nutzung besteht ein enormes nachbarschaftliches Konfliktpotential im Bauplanungsrecht. Als Beispiel sei nur auf den Gegensatz zwischen einer auf größtmögliche Ruhe bedachten Wohnbebauung und einem in der Nachbarschaft befindlichen, unter Umständen erheblich emittierenden Gewerbebetrieb hingewiesen. Da es in dieser Hinsicht häufig zu einem Aufeinanderprallen gegenläufiger Interessen kommt, besteht ein großer Bedarf an Konfliktschlichtung.

§ 34 Abs. 1 ist mit dem Erfordernis des Einfügens grundsätzlich dazu in der Lage, diese Konfliktschlichtung zu leisten. Sofern sich ein Vorhaben nicht der vorhandenen Bebauung anpasst, ist es objektiv-rechtlich unzulässig.

Voraussetzung einer drittschützenden Wirkung des Merkmals Einfügen ist allerdings nach hier vertretender Ansicht, dass die Umgebungsbebauung so einheitlich strukturiert ist, dass sich aus ihr ein präziser Maßstab für die zulässige Art der Nutzung des zu bebauenden Grundstücks ergibt.
Es fragt sich deshalb in diesem Zusammenhang, ob eine einheitliche Struktur der näheren Umgebung hinsichtlich der Art der baulichen Nutzung zwangsläufig zur Folge hat, dass die Umgebung einem der Baugebietstypen der BauNVO entspricht und somit § 34 Abs. 2 Anwendung findet. In diesem Falle wäre die Zulässigkeit eines Vorhabens im Hinblick auf die Nutzungsart ausschließlich nach den einschlägigen Bestimmungen der BauNVO zu beurteilen. Der Nachbarschutz würde dem gleichen Muster wie im Planbereich folgen.[263] Ein Rückgriff auf den hier in Rede stehenden § 34 Abs. 1 und den Begriff des Einfügens wäre insoweit ausgeschlossen.[264]

---

261 Vgl. Hoppe, BauR 2004, 607, 608.
262 Bracher, in: G/B/R, Rn. 2295.
263 Vgl. BVerwG, DVBl. 1994, 284, 286.
264 Vgl. Brohm, Öffentliches Baurecht, 393.

Die diesbezüglichen Ausführungen der Literatur sind so zu verstehen, als bestehe eine Gesetzmäßigkeit des Inhalts, dass im Falle einer einheitlichen bzw. homogenen Bebauung hinsichtlich der Art der Nutzung immer auch § 34 Abs. 2 einschlägig sei.[265] Umgekehrt greife § 34 Abs. 1 im Falle einer durch uneinheitliche Nutzungsarten geprägten Umgebung.[266]

Dieser Zusammenhang zwischen der Einheitlichkeit der Bebauung und der Anwendbarkeit des § 34 Abs. 2 (mit den sich daraus ergebenden Folgen für den Nachbarschutz) bestätigt die oben aufgestellte These, wonach eine homogene bauliche Struktur des nicht beplanten Innenbereichs Voraussetzung für das Entstehen eines wechselseitigen Austauschverhältnisses ist.[267]
Andererseits könnte es nicht auszuschließen sein, dass ein Gebiet nach der Art seiner baulichen Nutzung so harmonisch strukturiert ist, dass sich die Zulässigkeit oder Unzulässigkeit eines hinzukommenden Vorhabens aus der vorhandenen Bebauung eindeutig ablesen lässt, und dennoch die nähere Umgebung nicht zugleich einem der Baugebiete der BauNVO entspricht. § 34 Abs. 2 verlangt nämlich, dass sich die nähere Umgebung einem der Baugebietstypen der BauNVO eindeutig zuordnen lässt.[268] Gelingt diese Zuordnung nicht, etwa weil die maßgebliche Umgebung nicht ausschließlich Merkmale nur einer Baugebietskategorie der BauNVO enthält, so findet nicht § 34 Abs. 2, sondern § 34 Abs. 1 Anwendung.[269]

Sind etwa in einem unbeplanten Innenbereich hauptsächlich erheblich belästigende Gewerbebetriebe vorhanden und scheitert die Einordnung als Industriegebiet nach § 9 BauNVO lediglich an dem Vorkommen einzelner Büro- und Verwaltungsgebäude, so ist doch der aus der näheren Umgebung abzuleitende Maßstab präzise genug, um die Genehmigung eines Wohnbauvorhabens eindeutig zu verhindern. Die Eigentümer in dem Gebiet werden auch darauf vertrauen, dass die Eigenart der Umgebung nicht durch die Zulassung eines Wohngebäudes aus dem Gleichgewicht gebracht wird. Insofern spricht viel dafür, in diesem Fall ein Austauschverhältnis anzuerkennen.

---

265 Vgl. Söfker, in: E/Z/B/K, § 34, Rn. 78; Stüer, Handbuch des Bau- und Fachplanungsrechts, E, Rn. 2302.

266 Vgl. Bracher, in: G/B/R, Rn. 2294; Dürr, in: Brügelmann, § 34, Rn. 52.

267 Siehe D I 2 c cc (3).

268 Vgl. Dürr, in: Brügelmann, § 34, Rn. 52; Stüer, Der Bebauungsplan, K, Rn. 935.

269 Vgl. Söfker, in: E/Z/B/K, § 34, Rn. 79.

Eine homogene bauliche Struktur des unbeplanten Innenbereichs hat also nicht zwangsläufig das Eingreifen von § 34 Abs. 2 in Verbindung mit den Baugebietsvorschriften der BauNVO zur Folge.

In einem anderen Fall, der einem Beschluss des BVerwG vom 2.7.1991[270] zugrunde liegt, geht es um die Frage der Zulässigkeit eines großflächigen Einzelhandelsbetriebes im unbeplanten Innenbereich. Dabei enthält die Eigenart der näheren Umgebung des Bauvorhabens Elemente eines allgemeinen Wohngebiets nach § 4 BauNVO und eines Mischgebietes nach § 6 BauNVO, ohne einer der beiden Kategorien eindeutig zu entsprechen. Eine Klassifizierung als allgemeines Wohngebiet scheitert an den störenden Auswirkungen eines in dem Gebiet befindlichen größeren Kegelzentrums, welches der allgemeinen Zweckbestimmung des § 4 Abs. 1 BauNVO widerspricht. Einer Einstufung als Mischgebiet steht die weit überwiegende Wohnbebauung in der näheren Umgebung entgegen. Von daher stellt das Gericht unter Berufung auf den eindeutigen Wortlaut des § 34 Abs. 2 („*einem der Baugebiete*“) klar, die Zulässigkeit des zu errichtenden Vorhabens sei nach § 34 Abs. 1 zu beurteilen.[271]
Es stellt sich die Frage, ob – die objektiv-rechtliche Unzulässigkeit des Einzelhandelsbetriebs nach § 34 Abs. 1 einmal unterstellt – in einem solchen Fall die Einheitlichkeit der Bebauung ausreicht, um ein Nachbarschutz erzeugendes Austauschverhältnis der Grundeigentümer zu begründen.
Für die Annahme eines Drittschutzes in einem derartigen Fall spricht das deutliche Überwiegen der Wohnbebauung in dem Gebiet. Andererseits enthält die Umgebung Merkmale eines Mischgebietes und die von dem Kegelzentrum ausgehenden Störungen müssen, da dieses bei der Bestimmung der Eigenart der näheren Umgebung nicht als Fremdkörper außer Betracht bleibt,[272] eine prägende Wirkung auf das Gebiet und somit ein erhebliches Gewicht haben. Von daher ist hier die Art der Bebauung, obwohl noch nicht von einem diffus strukturierten Gebiet die Rede sein kann, zu uneinheitlich, um aus dieser ein präzises Zulassungsprogramm zu gewinnen.
Dieser zweite Beispielsfall zeigt, dass die Anforderungen an eine ein Austauschverhältnis begründende, harmonische Bebauung im nicht beplanten Innenbereich hoch liegen.

---

270 BVerwG, BauR 1991, 569.
271 Vgl. BVerwG, BauR 1991, 569, 570.
272 Vgl. Söfker, in: E/Z/B/K, § 34, Rn. 79.

Im Regelfall wird, sofern die Art der baulichen Nutzung in der näheren Umgebung eine homogene Struktur aufweist, die tatsächliche Situation einem der Baugebiete der BauNVO entsprechen, mit der Folge, dass § 34 Abs. 2 eingreift. Das schließt jedoch nicht aus, dass auch Konstellationen auftreten können, in denen eine einheitliche Bebauungsart vorliegt und sich die Umgebung dennoch nicht einer bestimmten Baugebietskategorie zuordnen lässt. In diesen Fällen wirkt § 34 Abs. 1, insoweit als er einen etwaig auftretenden, privaten Konflikt über die zulässige Art der baulichen Nutzung ausräumt, hinsichtlich dieses städtebaulichen Kriteriums drittschützend.

ee) Maß der baulichen Nutzung

Die bauplanungsrechtliche Zulässigkeit eines Vorhabens im nicht beplanten Innenbereich richtet sich bezüglich des Maßes der baulichen Nutzung ausnahmslos nach § 34 Abs. 1 und somit nach dem Begriff des Einfügens. § 34 Abs. 2 stellt nur hinsichtlich der Art der baulichen Nutzung eine im Falle seines Eingreifens vorrangige Sonderregelung dar.

Zur Bestimmung des Maßes der baulichen Nutzung im unbeplanten Innenbereich sind die Maßbestimmungsfaktoren der BauNVO heranzuziehen. In der BauNVO nicht vorkommende Maßbegriffe sind grundsätzlich auch nicht im Rahmen des § 34 Abs. 1 anzuwenden.[273]

Im Rahmen der Beurteilung, ob sich das Vorhaben bezüglich des Maßes der baulichen Nutzung in die Eigenart der näheren Umgebung einfügt, sind jedoch die in § 16 Abs. 2 BauNVO bezeichneten Maßfaktoren nicht unterschiedslos anzuwenden. Sie sind nur insofern zu berücksichtigen, als sie über die vorhandene Bebauung eine prägende Wirkung auf das zu bebauende Grundstück ausüben. Das hat zur Folge, dass Maßbestimmungsfaktoren, die erst eine aufwendige Berechnung erfordern, im Regelfall keine große Rolle spielen und vorrangig auf solche Maßbegriffe zurückzugreifen ist, „*die nach außen wahrnehmbar in Erscheinung treten und anhand derer sich die vorhandenen Gebäude in der näheren Umgebung leicht in Beziehung zueinander setzen lassen.*“[274]

Auch hinsichtlich des Maßes der baulichen Nutzung beruht der Nachbarschutz auf dem Gedanken des wechselseitigen Austauschverhältnisses.[275]

---

273 BVerwG, NVwZ 1995, 897, 898.
274 BVerwG, DVBl. 1994, 702, 703.
275 BVerwG, BauR 1995, 823.

Nach Ansicht des BVerwG wird jedoch durch die Maßfestsetzungen eines Bebauungsplans unter den Eigentümern im Plangebiet keine solche Austauschgemeinschaft geschaffen, wie dies durch die Baugebietsausweisungen der Fall ist.[276] Der Grund dafür sei, dass sich die Maßfestsetzungen (und dementsprechend auch eine Abweichung von diesen) in der Regel nur auf das jeweilige Baugrundstück bzw. dessen unmittelbare Nachbarschaft auswirken würden. Der Charakter des Baugebiets insgesamt bliebe dadurch unberührt.[277]
In Teilen der Literatur wird den Festsetzungen des Maßes auch für die direkten Nachbargrundstücke eines Bauvorhabens eine nur geringe Bedeutung beigemessen. Man stützt sich dabei auf den Umstand, dass die Maßbestimmungen keinen konkreten Standort für ein zu verwirklichendes Vorhaben auf dem jeweiligen Baugrundstück festlegen. Der genaue Standort einer baulichen Anlage könne aber für den direkten Grundstücksnachbarn von entscheidendem Interesse sein.[278]
Wenn aber nach dem BVerwG und der überwiegenden Ansicht der Literatur schon die Festsetzungen über das Maß der baulichen Nutzung in einem Bebauungsplan in der Regel kein Austauschverhältnis unter den Planbetroffenen zu begründen vermögen, so dürfte das erst Recht für den unbeplanten Innenbereich und § 34 Abs. 1 gelten. Ob dieser Auffassung zu folgen ist, wird nachfolgend untersucht; dabei ist zwischen einzelnen Maßfaktoren zu differenzieren:

Das zulässige Maß der baulichen Nutzung wird zum einen bestimmt durch die Grundfläche (vgl. § 19 Abs. 2 BauNVO), die Grundflächenzahl (vgl. § 19 Abs. 1 BauNVO), die Geschossfläche (vgl. § 20 Abs. 3 BauNVO), die Geschossflächenzahl (vgl. § 20 Abs. 2 BauNVO), die Baumasse (vgl. § 21 Abs. 2 BauNVO) sowie die Baumassenzahl (vgl. § 21 Abs. 1 BauNVO).
Diese Maßbestimmungsfaktoren spielen schon bei der objektiv-rechtlichen Beurteilung des Einfügens in die Eigenart der näheren Umgebung nach § 34 Abs. 1 nur eine untergeordnete Rolle, da sie aus der vorhandenen Bebauung nicht ohne weiteres abgelesen werden können, sondern erst errechnet werden müssten. Sie sind im Einzelfall nicht ohne weiteres optisch wahrnehmbar und

276 BVerwG, BauR 1995, 823; Vgl. auch Löhr, in: B/K/L, § 31, Rn. 69; Bielenberg, in: E/Z/B/K, § 16 BauNVO, Rn. 50; Hoppenberg, in: Hoppenberg/de Witt, H, Rn. 306; Reidt, in: G/B/R, Rn. 2063; a.A. Brohm, Öffentliches Baurecht, 384.

277 BVerwG, BauR 1995, 823 f.

278 Vgl. Bielenberg, in: E/Z/B/K, § 16 BauNVO, Rn. 53; Fickert/Fieseler, § 16, Rn. 58.1; Hoppenberg, in: Hoppenberg/de Witt, H, Rn. 311.

haben daher häufig auch keine prägende Wirkung auf die Eigenart der näheren Umgebung.[279]
Zudem kommt den genannten Maßfaktoren eine auf das jeweilige Baugrundstück beschränkte Sichtweise zu. Sie stellen keinen direkten Bezug zu den benachbarten Grundstücken her und wirken sich nicht nennenswert auf horizontaler Ebene aus.[280] Dadurch hat der Nachbar eines Bauvorhabens regelmäßig auch kein Interesse daran, dass bezüglich dieser Faktoren bestimmte Nutzungsmaße eingehalten werden. Es fehlt somit an einem ausgleichsbedürftigen bauplanungsrechtlichen Konflikt der Privaten, denn eine wechselseitige Beeinflussung nachbarlicher Nutzungsinteressen wird nicht hervorgerufen.[281] Ohne einen nachbarlichen Konflikt ist auch keine Konfliktschlichtung möglich.

Im Bebauungsplanbereich wird hingegen den Festsetzungen der Höhe baulicher Anlagen (§ 18 BauNVO) und der Zahl der Vollgeschosse (§ 20 Abs. 1 BauNVO) in bestimmten Fällen eine drittschützende Wirkung zuerkannt. Dabei stellt die Rechtsprechung sowie die überwiegende Ansicht in der Literatur auf einen dahingehenden Willen der planenden Gemeinde ab. Sofern diese mit den Maßfestsetzungen der Höhe baulicher Anlagen und der Zahl der Vollgeschosse nicht allein öffentliche, städtebauliche Ziele verfolgt, sondern zumindest auch Interessen der Nachbarschaft schützen will, soll den Festsetzungen nachbarschützender Charakter zukommen.[282]
Richtigerweise ist aber darauf abzustellen, ob der Regelung, also der Maßfestsetzung in dem Bebauungsplan bei objektiver Betrachtung ein wechselseitiges Austauschverhältnis der Grundeigentümer zu entnehmen ist.[283]

Für den hier interessierenden unbeplanten Innenbereich ist deshalb die Frage aufzuwerfen, ob aus der Eigenart der näheren Umgebung hinsichtlich der Höhe der dort vorhandenen baulichen Anlagen sowie deren Geschosszahl in Verbindung mit dem Gebot des Einfügens nach § 34 Abs. 1 eine Austauschgemeinschaft der Eigentümer hervorgehen kann.

---

279 BVerwG, DVBl. 1994, 702, 703; Bracher, in: G/B/R, Rn. 2311.

280 Vgl. zu den Maßfestsetzungen in einem Bebauungsplan: Schmaltz, in: Schrödter, § 30, Rn. 39; Mampel, BauR 1998, 697, 715 f.

281 Vgl. Mampel, BauR 1999, 854, 858.

282 Vgl. BVerwG, NVwZ 1996, 888; OVG Münster, BauR 1992, 60, 62; Bielenberg, in. E/Z/B/K, § 16 BauNVO, Rn. 54; Reidt, in: G/B/R, Rn. 2063 ff.; Hoppenberg, in: Hoppenberg/de Witt, H, Rn. 310.

283 Fickert/Fieseler, Vorbem §§ 2-9, 12-14, Rn. 38.1; Mampel, BauR 1998, 697, 715.

Die Höhe baulicher Anlagen und die Zahl der Vollgeschosse stellen bei der Beurteilung des Einfügens eine taugliche Bezugsgröße dar. Aus der vorhandenen Bebauung lässt sich insoweit ohne großen Aufwand ein Maßstab entnehmen, nach dem sich die objektiv-rechtliche Zulässigkeit eines Vorhabens richtet.[284]
Auch beeinflussen sich benachbarte Grundstücke bezüglich dieser Faktoren wechselseitig. Die Höhe einer baulichen Anlage hat entscheidenden Einfluss auf die Belichtung, Belüftung und Besonnung der Nachbargrundstücke, deren Grundeigentümer regelmäßig ein erhebliches Interesse an einer ausreichenden Licht- und Luftzufuhr, bei Vorhandensein von Gärten oder Balkonen auch an einer ungeschmälerten Sonneneinstrahlung haben. Diese Maßfaktoren enthalten folglich im Gegensatz zu den vorerwähnten ein großes nachbarschaftliches Konfliktpotential.
Gerade hinsichtlich der Höhe baulicher Anlagen kann sich aus der Umgebungsbebauung im Einzelfall ein sehr präziser Rahmen ergeben, der zur Folge hat, dass die objektive Rechtmäßigkeit eines Vorhabens einem dementsprechend strikten Zulassungsprogramm folgt. Es sind insbesondere Fallgruppen denkbar, in denen sich die Höhe eines Bauvorhabens nicht nur auf das zu bebauende Grundstück selber sowie die unmittelbar angrenzenden Nachbarn auswirkt.
So ist es etwa in einer Hanglage, in der die Wohnbebauung zwei Vollgeschosse nicht überschreitet und dadurch alle Grundstücke über eine Aussicht ins Tal verfügen; ein Umstand, der für die Eigentümer von großem Interesse ist. Die Grundeigentümer in diesem Gebiet vertrauen darauf, dass mittels des Erfordernisses des Einfügens der Charakter der näheren Umgebung erhalten bleibt.
Wird hier ein Vorhaben genehmigt, welches die zweigeschossige Bauweise überschreitet und dadurch dem dahinter liegenden Grundstück die Aussicht nimmt, so bringt dies durch seine negative Vorbildwirkung die gesamte Situation in Bewegung. Das zuvor faktisch gegebene und rechtlich über § 34 Abs. 1 gesicherte städtebauliche Gleichgewicht wird durch das sich nicht einfügende Bauwerk gestört. Der seiner Aussicht beraubte rückwärtige Grundeigentümer ist geneigt, sein Gebäude ebenfalls zu erhöhen und kann dadurch eine Kettenreaktion auslösen. Von daher wirkt sich dieser Maßfaktor in einem größeren Raume aus und er begründet unter den Eigentümern ein wechselseitiges Austauschverhältnis. Diesen muss daher unabhängig von einer spürbaren eigenen Beeinträchtigung ein Anspruch auf Abwehr des sich nicht

---

284 BVerwG, DVBl. 702, 703; Bracher, in: G/B/R, Rn. 2311.

anpassenden Vorhabens zustehen, um eine schleichende Verfremdung des Gebiets zu verhindern.

Gleiches gilt für einen Bereich, in dem eine qualitativ hochwertige Wohnbebauung mit einer einheitlich niedrigen Höhe der Bebauung vorherrscht. Auch hier sind die Grundeigentümer aufgrund der harmonischen Struktur des Gebiets, zu der auch die gleichermaßen geringe Höhe der baulichen Anlagen beiträgt, zu einer drittschützenden Austauschgemeinschaft verbunden.[285]

ff) Bauweise

Ein Vorhaben im nicht beplanten Innenbereich muss sich nach § 34 Abs. 1 auch hinsichtlich der Bauweise in die Eigenart der näheren Umgebung einfügen. Aus dieser kann als zu beachtender Rahmen nur die offene Bauweise (vgl. § 22 Abs. 2 BauNVO) oder die geschlossene Bauweise (vgl. § 22 Abs. 3 BauNVO) hervorgehen. Sofern die Grundstücke in der maßgeblichen Umgebung sowohl in offener als auch in geschlossener Bauweise bebaut sind, fügen sich grundsätzlich auch beide Formen objektiv-rechtlich nach § 34 Abs. 1 ein.[286]
Bei der offenen Bauweise verfügen die Gebäude über einen seitlichen Abstand zur Grundstücksgrenze, der sich nach den Abstandflächenvorschriften der jeweiligen Landesbauordnung bemisst. Im Falle der geschlossenen Bauweise halten die Gebäude keinen seitlichen Grenzabstand ein.[287]

Für den Bebauungsplanbereich wird der Festsetzung der geschlossenen Bauweise überwiegend kein drittschützender Charakter beigemessen, da dieser nur eine objektive, städtebauliche Bedeutung zukomme.[288]
Ausnahmsweise wird bei festgesetzter geschlossener Bauweise ein Abwehrrecht eines Planbetroffenen gegen ein auf dem Nachbargrundstück mit seitlichem Grenzabstand zu errichtendes Vorhaben anerkannt. Der Grund hierfür ist eine im Abstandflächenrecht der Landesbauordnungen vorgesehene Regelung, wonach die Baugenehmigungsbehörde in einem solchen Fall verlangen kann, dass der Grundeigentümer, dessen Nachbar von der festgesetzten geschlossenen Bauweise abgewichen ist, ebenfalls einen Grenzabstand einzuhalten hat (vgl. § 6 Abs. 1 S. 4 BauO NRW). Dadurch werde der erstgenannte Grundeigentümer in

285 Vgl. für den Bebauungsplanbereich Brohm, Öffentliches Baurecht, 384.
286 Vgl. Bracher, in: G/B/R, Rn. 2323.
287 Vgl. Hoppenberg, in: Hoppenberg/de Witt, H, Rn. 312.
288 Fickert/Fieseler, Vorbem §§ 2-9, 12-14, Rn. 39; Reidt, in: G/B/R, Rn. 2072; Bönker, in: H/B/G, 724.

der baulichen Ausnutzbarkeit seines Grundstücks beschränkt. Ihm stehe daher aus der Festsetzung der geschlossenen Bauweise ein (durch das Bauordnungsrecht vermittelter)[289] Abwehranspruch gegen das sich nicht an den Bebauungsplan haltende Vorhaben zu.[290]
Dieser Ansicht ist jedoch entgegenzuhalten, dass sich eine Abweichung von der festgesetzten geschlossenen Bauweise nicht direkt negativ auf das Nachbargrundstück auswirkt. Der Nachteil, den der Nachbar dadurch erleiden kann, dass auch er unter Umständen an einer grenzständigen Bebauung gehindert wird (sofern eine solche überhaupt in seinem Interesse liegt), ist lediglich eine mittelbare Folge der Nichteinhaltung des Bebauungsplans auf dem angrenzenden Grundstück. Diese mögliche Einschränkung des Nachbarn ergeht auf bauordnungsrechtlicher Grundlage und spielt für die Frage der drittschützenden Wirkung der bauplanungsrechtlichen Festsetzung der geschlossenen Bauweise keine Rolle.[291]
Da somit der geschlossenen Bauweise schon im Planbereich keine nachbarschützende Wirkung zuzuerkennen ist, braucht die Situation im unbeplanten Innenbereich erst gar nicht erörtert zu werden.

Die Festsetzung der offenen Bauweise in einem Bebauungsplan wird allgemein als drittschützend angesehen. Begründet wird dies damit, dass der im Falle der offenen Bauweise einzuhaltende Grenzabstand auch dem Brandschutz sowie der Belüftung und Belichtung der grenzseitigen Gebäudeteile und somit auch den Interessen des Nachbarn diene.[292]
Dabei ist jedoch das Verhältnis zum bauordnungsrechtlichen Abstandflächenrecht nicht ganz klar. Die Festsetzung der offenen Bauweise wird teils als Ergänzung zum Abstandflächenrecht der Landesbauordnungen angesehen;[293] andernorts wird ihr drittschützender Charakter aus der mit den Abstandflächenvorschriften vergleichbaren Schutzrichtung hergeleitet.[294]
Dementsprechend unterschiedlich wird die räumliche Reichweite des Nachbarschutzes beurteilt:
Es wird vertreten, der bei einer Abweichung von der festgesetzten offenen Bauweise entstehende nachbarliche Abwehranspruch stehe nur dem unmittelbar angrenzenden Grundeigentümer zu, zu dessen Grenze der erforderliche Abstand

289 So Löhr, in: B/K/L, § 31, Rn. 71.
290 Vgl. Hoppenberg, in: Hoppenberg/de Witt, H, Rn. 315.
291 Vgl. Reidt, in: G/B/R, Rn. 2072.
292 Vgl. Hoppenberg, in: Hoppenberg/de Witt, H, Rn. 313.
293 Vgl. Reidt, in: G/B/R, Rn. 2072.
294 Vgl. Bönker, in: H/B/G, 724 f.

nicht eingehalten werde.[295] Andere weisen darauf hin, dass es sich hier um einen bauplanungsrechtlichen Anspruch handle, dem im Gegensatz zu einem bauordnungsrechtlichen eine gebietsbezogene Sicht zukomme. Daher dürfe sich das aus der Bebauungsplanfestsetzung der offenen Bauweise entspringende Abwehrrecht nicht auf den unmittelbaren Nachbarn beschränken.[296]

Dem bauordnungsrechtlichen Abstandflächenrecht kommt hingegen eine ganz andere Funktion als der planungsrechtlichen Festsetzung der offenen Bauweise zu. Ersteres dient der Feuersicherheit und gewährleistet ein gewisses Maß an Belichtung und Belüftung der einander zugewandten Gebäudeteile und hat somit eine gefahrenabwehrrechtliche Bedeutung.[297] Es verfolgt einen kleinräumigeren Ansatz und hat das einzelne Gebäude sowie dessen unmittelbare Nachbarschaft im Blick.[298]
Demgegenüber wirkt sich das Bauplanungsrecht und somit auch die Festsetzung der offenen Bauweise in einem Bebauungsplan raumbezogen aus. Die Herleitung der drittschützenden Wirkung der Festsetzung der offenen Bauweise aus einer angeblich mit den Abstandflächenvorschriften vergleichbaren Zielrichtung scheidet daher aus.[299]
Der nachbarschützende Charakter der festgesetzten offenen Bauweise lässt sich vielmehr eigenständig mit der darin vorgenommenen Konfliktschlichtung auf horizontaler Ebene begründen. Sie bewirkt etwa in einem Wohngebiet durch die aufgelockerte Bebauung eine besondere Qualität des Wohnens, von der jeder Grundeigentümer in dem Gebiet profitiert. Diese Wohnqualität wird aber insgesamt gefährdet, sobald ein Grundeigentümer an die seitliche Grundstücksgrenze baut und dadurch möglicherweise eine Entwicklung zu einer geschlossenen bzw. uneinheitlichen Bauweise in dem Gebiet anstößt. Daher ist auch hier unabhängig von einer eigenen, spürbaren Beeinträchtigung ein Abwehranspruch anzuerkennen.[300]

Dementsprechend muss auch im unbeplanten Innenbereich danach gefragt werden, ob § 34 Abs. 1 in der Lage ist, hinsichtlich der offenen Bauweise ein wechselseitiges Austauschverhältnis zu begründen.

---

295 Vgl. Fickert/Fieseler, Vorbem §§ 2-9, 12-14, Rn. 39; Bönker, in: H/B/G, 724 f.
296 Vgl. Löhr, in: B/K/L, § 31, Rn. 70; Hoppenberg, in: Hoppenberg/de Witt, H, Rn. 313.
297 Brohm, Öffentliches Baurecht, 69 ff.
298 Vgl. Mampel, BauR 1998, 697, 710.
299 Vgl. Mampel, BauR 1998, 697, 710.
300 Vgl. Mampel, BauR 1998, 697, 709 f.

Der sich insofern aus der Umgebungsbebauung ergebende Maßstab ist leicht zu ermitteln und es lassen sich die bebauten Grundstücke hinsichtlich der Bauweise gut in Beziehung zueinander setzen. Insbesondere kann die Frage der Bauweise, ob also eine zu errichtende bauliche Anlage bis an die Grundstücksgrenze heranreichen darf, zu erheblichen Konflikten auf horizontaler Ebene führen. Sind etwa in einem durch Wohnbebauung geprägten Gebiet die Gebäude in offener Bauweise errichtet worden, so herrscht dort in der Regel eine besondere Wohnruhe. Durch die aufgelockerte Bebauung, häufig verbunden mit einer Begrünung der Grenzflächen entsteht eine qualitativ hochwertige Wohnnutzung. Der einzelne Eigentümer ist zwar in der baulichen Ausnutzbarkeit seines Grundstückes eingeschränkt, da er sich der Umgebungsbebauung anpassen muss und somit an der Errichtung baulicher Anlagen auf der Grundstücksgrenze gehindert ist. Dafür kann er jedoch darauf vertrauen, dass seine Nachbarn ebenfalls einen Abstand zur gemeinsamen Grundstücksgrenze einhalten müssen. Mit der Einschränkung der eigenen Baufreiheit korrespondiert somit der Vorteil einer insgesamt aufgelockerten Bebauung in der näheren Umgebung, die sich wiederum positiv auf die Wohnqualität des gesamten Gebiets auswirkt. Dieses sich gegenseitige Bedingen von Vor- und Nachteilen sowie das Zusammenwirken der jeweils einzuhaltenden Grenzabstände zu einer Steigerung der Wohnqualität insgesamt stellt ein klassisches wechselseitiges Austauschverhältnis der Grundeigentümer dar. Indem es die Nutzungsstruktur eines größeren Bereichs regelt und zu einer untereinander verträglichen Grundstücksnutzung beiträgt, dient das normative Austauschverhältnis der offenen Bauweise in § 34 Abs. 1 ganz anderen Zielen, als das gefahrenabwehrrechtliche Abstandflächenrecht.

Bei einer einheitlich offenen Bauweise in der näheren Umgebung ist für jeden der Eigentümer ohne weiteres erkennbar, dass sich ein Vorhaben, welches einen Grenzabstand nicht einhält, nicht in die vorhandene Bebauung einfügt. Sie vertrauen daher darauf, dass über das Erfordernis des Einfügens in § 34 Abs. 1 der Charakter der Umgebung, der durch eine aufgelockerte Bebauung geprägt wird, erhalten bleibt. Ein sich nicht einfügendes Bauvorhaben beeinträchtigt daher auch nicht nur den Nachbarn, an dessen Grundstücksgrenze herangebaut wird, sondern gefährdet den Gebietscharakter insgesamt. Dieser droht sich von der homogenen offenen Bauweise zu einem uneinheitlich bebauten Gebiet mit zunehmender Verdichtung der Baukörper zu entwickeln, in dem teilweise Abstandflächen zur Grundstücksgrenze eingehalten werden und teilweise eine Grenzbebauung stattfindet. Um eine solche Verschlechterung der Eigenart des Gebiets zu verhindern, muss der Abwehranspruch gegen das sich nicht einfügende Vorhaben jedem Eigentümer in der näheren Umgebung zustehen.

gg) Überbaubare Grundstücksfläche

Bei der Prüfung der Frage, ob sich ein Bauvorhaben im unbeplanten Innenbereich hinsichtlich der zu überbauenden Grundstücksfläche in die Eigenart der näheren Umgebung einfügt, geht es um die Teilfläche eines Grundstücks, auf der eine bauliche Anlage zulässigerweise errichtet werden kann.[301] Zu beurteilen ist dabei neben der Größe der Grundfläche des zu errichtenden Gebäudes auch dessen genauer Standort auf dem Grundstück.[302] Gegenstand der Betrachtung ist somit die räumliche Lage des geplanten Vorhabens innerhalb der vorhandenen Bebauung, wobei allerdings die Grenzen des jeweiligen Baugrundstücks außer Betracht bleiben.[303]

Ermittelt wird die überbaubare Grundstücksfläche anhand der Begriffsbestimmungen des § 23 BauNVO.[304] Es ist folglich zu untersuchen, ob sich aus der näheren Umgebung faktische Baulinien (vgl. § 23 Abs. 2 BauNVO), Baugrenzen (vgl. § 23 Abs. 3 BauNVO) oder Bebauungstiefen (vgl. § 23 Abs. 4 BauNVO) ergeben, die prägend auf das Baugrundstück einwirken.[305]

Wenn es, wie soeben festgestellt, um die räumliche Lage des Vorhabens innerhalb der vorhandenen Bebauung geht, so richtet sich der Blick über die Grenzen des zu bebauenden Grundstücks hinaus auf die städtebauliche Situation im Umfeld des selben. Die baulichen Anlagen werden bezüglich der von ihnen in Anspruch genommenen Grundfläche sowie ihres Standortes zueinander in Beziehung gesetzt. Zu fragen ist deshalb, ob dabei auch Interessen auf horizontaler Ebene in Widerstreit geraten.

Im unbeplanten Innenbereich können sich aus der Eigenart der näheren Umgebung parallel zur Erschließungsstraße verlaufende, vordere Baulinien oder Baugrenzen ergeben.

Insbesondere im Falle einer Wohnbebauung wird häufig eine aus einer durchgehend eingehaltenen Zeilenbebauung entlang der Straßenseite resultierende faktische, vordere Baulinie anzutreffen sein. Ein diese Baulinie überschreitender oder dahinter zurückbleibender Baukörper würde sich

---

301 Vgl. Hoppe, BauR 2004, 607, 608 f.; für den Planbereich: Mampel, BauR 1998, 697, 711.

302 Söfker, in: E/Z/B/K, § 34, Rn. 47.

303 Söfker, in: E/Z/B/K, § 34, Rn. 47; Bracher, in: G/B/R, Rn. 2327; Hoppe, BauR 2004, 607, 609.

304 Söfker, in: E/Z/B/K, § 34, Rn. 47.

305 Bracher, in: G/B/R, Rn. 2327.

hinsichtlich der Grundstücksfläche, die überbaut werden soll, nicht in die Eigenart der näheren Umgebung einfügen.[306] Dadurch werden jedoch im Regelfall keine rechtlich bewehrten Interessen der Nachbarn tangiert:
Die Anwohner auf der gegenüberliegenden Straßenseite sind durch die Erschließungsstraße so deutlich von dem die Baulinie über- bzw. unterschreitenden Vorhaben getrennt, dass deren Einhaltung für sie keine Rolle spielt.
Die vordere Baulinie wirkt sich also allenfalls hinsichtlich der Nachbarn auf der selben Straßenseite aus. Wenn sich aber, wie dies regelmäßig der Fall ist, die Hausgärten samt angeschlossener Terrasse auf der rückwärtigen Grundstückseite befinden und zur Straßenseite hin der Eingangsbereich (gegebenenfalls mit einem kleinen Vorgarten) ausgerichtet ist, so erleiden die seitlichen Nachbarn durch die Nichteinhaltung der vorderen Baulinie gar keinen Nachteil. Denn der vorderen Grundstückseite fehlt es hier an der Schutzbedürftigkeit, da sie regelmäßig nicht darauf angewiesen ist, dass Gebäude auf den Nachbargrundstücken in gleichem Abstand zur Erschließungsstraße liegen.[307]
Es fehlt hier also – von Ausnahmen abgesehen – an einem nachbarlichen Konflikt.

Demgegenüber kann es bei faktischen, hinteren Baulinien, Baugrenzen bzw. Bebauungstiefen zu privaten Interessenkollisionen kommen. Das ist bei einer sogenannten Hinterlandbebauung häufig der Fall. Darunter ist eine Bebauung im hinteren Grundstücksteil zu verstehen, wobei die übrigen Gebäude zur Straße orientiert sind. Es reicht aber auch aus, dass ein Baukörper die sich aus der Umgebung ableitende hintere Baugrenze deutlich überschreitet.[308]
Sind in der näheren Umgebung die baulichen Anlagen einheitlich zur Erschließungsstraße hin ausgerichtet, so überschreitet ein im rückwärtigen, der Strasse abgewandten Grundstücksbereich geplantes Vorhaben den maßgeblichen Rahmen und fügt sich nicht ein, es sei denn, es begründet keine bodenrechtlich beachtlichen Spannungen oder erhöht nicht vorhandene Spannungen. Das wäre der Fall, wenn das Vorhaben die durch die rückwärtigen Freiflächen erzeugte Ruhezone in dem der Straße abgewandten Hinterland mehr als nur unerheblich beeinträchtigt.[309] Spannungen werden ferner begründet, wenn das geplante Bauwerk einen im Rücken der Gebäude befindlichen Durchlüftungskorridor

306 Vgl. Söfker, in: E/Z/B/K, § 34, Rn. 47.
307 Vgl. für den Planbereich Mampel, BauR 1998, 697, 714.
308 Vgl. Söfker, in: E/Z/B/K, § 34, Rn. 57.
309 Söfker, in: E/Z/B/K, § 34, Rn. 57.

unterbricht.[310] Jedoch kann ein Vorhaben in zweiter Reihe auch ohne selber städtebauliche Spannungen zu erzeugen sich nicht einfügen, wenn ihm eine negative Vorbildwirkung zukommt.[311]

Die seitlich angrenzenden Nachbarn in einem durch Wohnbebauung geprägten Gebiet, in dem die baulichen Anlagen an der Straßenseite liegen und die rückwärtigen Grundstücksflächen einer Gartennutzung zugeführt sind, haben ein großes Interesse daran, dass eine Bebauung in der zweiten Reihe unterbleibt und eine faktische hintere Baugrenze bzw. Bebauungstiefe nicht wesentlich übertreten wird. Die der Erholung dienenden Gartenflächen sind auf die Erhaltung einer größtmöglichen Ruhe und Freizeitqualität angewiesen. Ein im Hinterland errichteter oder in das Hinterland hereinragender Baukörper würde die Luftzufuhr und vor allem die regelmäßig erwünschte Sonneneinstrahlung mindern. Ferner würden störende Einsichtsmöglichkeiten geschaffen.
Findet sich in einem solchen Gebiet eine eindeutige, aus der Stellung der baulichen Anlagen in der Umgebung ableitbare hintere Baugrenze, so vertrauen die Grundeigentümer, die sich ihrerseits an diese Maßgabe gehalten haben darauf, dass gleiches auch für ihre Nachbarn gilt. Eine derart beachtete faktische, hintere Baugrenze ist auch für jedermann erkennbar, so dass sich deren Einhaltung durch ein hinzukommendes Vorhaben mit bloßem Auge beurteilen lässt. Dieser Umstand schafft ein gegenseitiges Vertrauen auf die Erhaltung des Charakters der Umgebung, welches die Grundlage für die Verbundenheit der Eigentümer untereinander schafft.
Bei Vorhandensein einer faktischen, rückwärtigen Baulinie ist dies natürlich um so mehr der Fall. Hier ergibt sich ein präzises Zulassungsprogramm für weitere Vorhaben.
Da ein die hintere Baugrenze oder Baulinie überschreitendes Bauvorhaben die Gefahr begründet, dass es seinerseits in Zukunft die Eigenart der näheren Umgebung prägt[312] und so die bisher harmonische Situation zum Kippen bringt, stehen Abwehransprüche nicht nur den direkten Nachbarn zu.[313]

Der im Rücken des Grundstücks sich anschließende Nachbar wird hingegen durch faktische, hintere Baugrenzen nicht geschützt. Diese entfalten eine bauplanungsrechtliche Wirkung nur zu den seitlich angrenzenden Grundstücken.

---

310 Dürr, in: Brügelmann, § 34, Rn. 39.
311 Söfker, in: E/Z/B/K, § 34, Rn. 57.
312 Vgl. Söfker, in: E/Z/B/K, § 34, Rn. 57.
313 Vgl. für den Planbereich Mampel, BauR 1998, 697, 714.

Fraglich ist, wie es sich mit faktischen, seitlichen Baulinien oder Baugrenzen verhält.
In der Literatur wird teilweise aus der angeblichen Funktionsgleichheit (allerdings in Bebauungsplänen festgesetzter) seitlicher Baulinien oder Baugrenzen mit den bauordnungsrechtlichen Abstandflächenvorschriften der Schluss gezogen, diesen komme ein drittschützender Charakter zu.[314]
Jedoch kommt es bei der Beurteilung der Grundstücksfläche, die überbaut werden soll, gar nicht so sehr auf die Abstände zu den seitlichen Grundstücksgrenzen an. Entscheidend ist vielmehr, wie die jeweiligen Baukörper zueinander liegen.[315] Auch bei faktischen, seitlichen Baulinien oder Baugrenzen kommt es also weniger auf den Grenzabstand als solchen an, als auf die Anordnung der Baukörper. Wenn sich aber eine hinzutretende bauliche Anlage im unbeplanten Innenbereich hinsichtlich ihrer räumlichen Lage innerhalb der vorhandenen Bebauung in die Umgebung einfügen muss,[316] so ist damit vor allem die wechselseitige Beeinflussung seitlich benachbarter Gebäude angesprochen.
Sind etwa in einem mit Wohnhäusern bebauten Gebiet die Baukörper in der Weise angeordnet, dass – unabhängig vom jeweiligen Grenzverlauf – große seitliche Freiflächen zwischen ihnen bestehen, so profitieren davon beide Eigentümer der seitlich aneinandergrenzenden Grundstücke.
Dabei können sich aus der Umgebungsbebauung faktische, seitliche Baulinien oder Baugrenzen ergeben, die prägend auf ein zu bebauendes Grundstück einwirken und in ihrer Wirkung über die der offenen Bauweise deutlich hinausgehen. Die damit verbundene, noch größere Auflockerung der Bebauung führt zu einer weiteren Steigerung der Wohnqualität in der Umgebung. In einem solchen Fall sind auch die faktischen, seitlichen Baulinien oder Baugrenzen in der Lage, unter den Eigentümern ein wechselseitiges Austauschverhältnis zu erzeugen.

3) Ergebnis

Nach hier vertretener Auffassung enthält § 34 Abs. 1 in weitem Umfang subjektive öffentliche Rechte der Nachbarn eines im nicht beplanten Innenbereich zu errichtenden Vorhabens. Das entscheidende Tatbestands-

314 Vgl. für den Planbereich Löhr, in: B/K/L, § 31, Rn. 72; Hoppenberg, in: Hoppenberg/de Witt, H, Rn. 318; a.A. Mampel, BauR 1998, 697, 714 f.
315 Vgl. Söfker, in: E/Z/B/K, § 34, Rn. 47.
316 Vgl. Söfker, in: E/Z/B/K, § 34, Rn. 47.

merkmal stellt in diesem Zusammenhang der Begriff des Einfügens in die Eigenart der näheren Umgebung dar. Als maßgeblich für die Zuerkennung von Drittschutz wird hier das Bestehen eines wechselseitigen Austauschverhältnisses unter den Grundeigentümern angesehen.
Die vom BVerwG zur subjektiv-rechtlichen Seite des Rücksichtnahmegebots entwickelten und auch bei § 34 Abs. 1 angewandten Grundsätze der Qualifizierung und Individualisierung finden danach keine Berücksichtigung mehr.
Ein nachbarlicher Abwehranspruch wird vielmehr dadurch ausgelöst, dass das Austauschverhältnis einseitig aufgehoben wird. Es ist also unerheblich, ob der klagende Nachbar durch das Bauvorhaben tatsächlich spürbar beeinträchtigt wird. Er muss nur an der wechselseitigen Austauschgemeinschaft der Grundeigentümer im nichtbeplanten Innenbereich teilnehmen.
Bei dem hier vertretenen Modell des Drittschutzes findet demnach eine deutliche Annäherung an den vom BVerwG im Bebauungsplanbereich bzw. im Falle des § 34 Abs. 2 gewährten Gebietserhaltungsanspruch statt.

Fraglich ist, ob die vom BVerwG in § 34 Abs. 1 verankerte objektiv-rechtliche Seite des Rücksichtnahmegebots mit der hier vertretenen Konzeption vereinbar ist. Zwar widmet sich diese Arbeit im Grundsatz dem Nachbarschutz, jedoch lässt sich die subjektiv-rechtliche Ebene nicht von der objektiv-rechtlichen Seite der Norm trennen.

Dass der Begriff des Einfügens verlangt, auf die vorhandene Bebauung Rücksicht zu nehmen,[317] ist im Grundsatz unbestritten. Ein wichtiger Anwendungsfall des Gebots der Rücksichtnahme im Rahmen des § 34 Abs. 1 ist nach dem BVerwG gegeben, wenn ein Vorhaben den aus der Umgebungsbebauung ableitbaren Rahmen zwar einhält, sich jedoch ausnahmsweise gegenüber einer in der unmittelbaren Nähe befindlichen, besonders schutzbedürftigen Nachbarschaft als rücksichtslos erweist. Damit will das Gericht den Fällen begegnen, in denen die den Rahmen bildenden Nutzungen in der näheren Umgebung ungleichmäßig verteilt sind und es deshalb unter Umständen im Einzelfall nicht ausreicht, dass das geplante Vorhaben nur den Rahmen insgesamt einhält. Die grundsätzliche Zulässigkeit der den Rahmen beachtenden Vorhaben wird damit für besondere Konstellationen eingeschränkt.[318]

---

317 Vgl. Dürr, in: Brügelmann, § 34, Rn. 25.
318 Siehe D I 1 c.

Ein Bedürfnis für eine Berücksichtigung derartiger Sonderfälle ist auch anzuerkennen, um eine gegebenenfalls erforderliche Feinsteuerung bei der Prüfung des Einfügens vornehmen zu können.[319]
Allerdings ist es nicht möglich, mithilfe des hier für maßgebend gehaltenen Gedankens des wechselseitigen Austauschverhältnisses die Unzulässigkeit eines solchen Vorhabens zu begründen und daraus nachbarliche Abwehransprüche herzuleiten. Denn ein Vorhaben, das sich im Rahmen der vorhandenen Bebauung bewegt, bringt auch das städtebauliche Austauschverhältnis nicht aus dem Gleichgewicht.
Eine Lösung könnte aber darin bestehen, in einem derartigen Fall die maßstabsbildende nähere Umgebung stärker einzugrenzen, so dass sich aus dieser ein engerer Rahmen ergibt:[320]
Sofern die unmittelbare Nachbarschaft eines Baugrundstücks im Hinblick auf eines der städtebaulichen Kriterien des § 34 Abs. 1 S. 1 besonders schutzbedürftig ist, kann es erforderlich sein, die räumliche Ausdehnung der näheren Umgebung im Sinne des § 34 Abs. 1 S. 1 auch nur auf diesen Bereich zu beschränken. Von der direkten Umgebung geht ohnehin eine viel stärker prägende Wirkung auf das zu bebauende Grundstück aus.[321] Insbesondere kann die einheitliche Struktur eines bestimmten Bereichs es ausschließen, dass eine anderweitige, nahe Bebauung sich überhaupt prägend auf das Vorhaben auswirkt.[322] Der maßstabsbildende Rahmen wird dann nur von der besonders schutzbedürftigen, unmittelbaren Umgebung gebildet und ist demzufolge enger zu ziehen. Überschreitet ein neues Vorhaben diesem Rahmen, so fügt es sich nicht in die Umgebung ein und stört das vorhandene Austauschverhältnis. Auf diese Weise lassen sich auch kleinräumige Konflikte mit Hilfe des Gedankens des Austauschverhältnisses in subjektive Rechte begründender Weise schlichten.

Das Gebot der Rücksichtnahme kommt in der Rechtsprechung des BVerwG ferner zur Anwendung, wenn ein Vorhaben den Rahmen der vorhandenen Bebauung in der näheren Umgebung überschreitet, zugleich städtebaulich beachtliche Spannungen erzeugt und sich von daher objektiv-rechtlich nicht einfügt.[323]
Diese Fallgruppe lässt sich unproblematisch mit Hilfe des Gedankens des Austauschverhältnisses lösen. Durch ein den Rahmen nicht einhaltendes und

319 Vgl. Bracher, in: G/B/R, Rn. 2366.
320 Vgl. Hauth, BauR 1993, 673, 677.
321 Vgl. Schmaltz, in: Schrödter, § 34, Rn. 28.
322 Vgl. Bracher, in: G/B/R, Rn. 2272.
323 Siehe D I 1 c.

sich infolge dessen nicht einfügendes Vorhaben wird auch das nachbarliche Austauschverhältnis gestört und eine Verfremdung des Gebiets eingeleitet. Allerdings ist zuvor festzustellen, ob ein wechselseitiges Austauschverhältnis unter den Grundeigentümern überhaupt besteht. Denn nur dann wirkt eine Verletzung des Einfügensbegriffs drittschützend.

Es kann mithin auf das Gebot der Rücksichtnahme in seiner objektiv-rechtlichen wie in seiner subjektiv-rechtlichen Ausprägung für die nach § 34 Abs. 1 zu beurteilenden Fälle verzichtet werden. Objektiv-rechtlich ist ausschließlich darauf abzustellen, ob sich das Vorhaben in die Eigenart der näheren Umgebung einfügt. Ist das nicht der Fall, so ist für den Drittschutz entscheidend, dass hinsichtlich des jeweiligen städtebaulichen Kriteriums des § 34 Abs. 1 S. 1 ein Austauschverhältnis unter den Grundeigentümern in der näheren Umgebung besteht.
Über den Gedanken des wechselseitigen Austauschverhältnisses lassen sich nach der dargelegten Konzeption dem § 34 Abs. 1 in weitaus größerem Maße nachbarliche Rechte entnehmen, als ihm das BVerwG über das Gebot der Rücksichtnahme an Drittrechten zuerkennt.

II) § 35 Abs. 3 S. 1 Nr. 3 BauGB

1) Drittschutz aus § 35 nach der Rechtsprechung des BVerwG

Subjektive Rechte wurden in der früheren Rechtsprechung des BVerwG nur einem gemäß § 35 Abs. 1 BBauG a.F. privilegiert im Außenbereich Ansässigen zugestanden. Dieser konnte sich dagegen wehren, dass die weitere Ausnutzung seines privilegierten Baubestandes durch ein hinzukommendes Vorhaben in Frage gestellt oder gewichtig beeinträchtigt wurde, wobei der Abwehranspruch direkt aus § 35 Abs. 1 BBauG a.F. entsprang.[324] Nichtprivilegierte Vorhaben konnten nach der damaligen Rechtsprechung – abgesehen von den Ansprüchen aus Art. 14 Abs. 1 GG[325] – keinen Nachbarschutz für sich in Anspruch nehmen.[326] Erst seit dem Urteil vom 25.2.1977 gewährt das BVerwG Drittschutz mittels des seiner Ansicht nach einen öffentlichen Belang im Sinne von § 35 Abs. 3 BBauG a.F. darstellenden Gebots der Rücksichtnahme.[327] Über das Rücksichtnahmegebot ist es auch einem Nichtprivilegierten im Außenbereich möglich, einen nachbarlichen Abwehranspruch geltend zu machen.[328]
Von den Ansprüchen unmittelbar aus § 35 Abs. 1 ist das Gericht mittlerweile abgerückt. Auch der Inhaber einer Privilegierung kann sich nur auf das drittschützende Rücksichtnahmegebot berufen.[329]
In der Ausgangslage ist es wichtig, sich vor Augen zu führen, wie das BVerwG § 35 in objektiv-, besonders aber subjektiv-rechtlicher Hinsicht handhabt. Da jedoch die aktuelle Rechtsprechung in Teilen der Literatur nicht korrekt widergegeben wird, sei zunächst einmal geklärt, was der Stand der Rechtsprechung des BVerwG ist:

Die Vorschrift des § 35 verfolgt das Ziel, den Außenbereich in seiner besonderen Funktion als Grundlage einer naturgegebenen Bodennutzung sowie als Erholungsraum für die Allgemeinheit zu erhalten und eine Zersiedelung mit artfremder Bebauung zu verhindern.[330]

---

324 BVerwG, DVBl. 1969, 263, 264; Seidel, 235 f.; siehe auch B I.
325 Siehe B I.
326 BVerwGE 28, 268, 273 ff.; Söfker, in: E/Z/B/K, § 35, Rn. 186; Schmaltz, in: Schrödter, § 35, Rn. 168; siehe auch B I.
327 BVerwGE 52, 122, 125 ff.; Seidel, 236.
328 Söfker, in: E/Z/B/K, § 35, Rn. 186; Schmaltz, in: Schrödter, § 35, Rn. 168.
329 BVerwG, NVwZ 2000, 552, 553; BVerwG, UPR 2001, 76; Brohm, Öffentliches Baurecht, 402 f., 424 f.; Mampel, Nachbarschutz, 216.
330 Vgl. Bracher, in: G/B/R, Rn. 2390; Nies, 39 f.; Voß/Buntenbroich, Rn. 585.

Bei der Beurteilung der Zulässigkeit eines Vorhabens im Außenbereich differenziert § 35 danach, ob es sich um eines der in Abs. 1 abschließend aufgezählten privilegierten Vorhaben oder um ein sonstiges Vorhaben handelt.
Die in § 35 Abs. 1 genannten privilegierten Vorhaben sind bei ausreichender Erschließung zulässig, wenn öffentliche Belange nicht entgegenstehen. Sonstige Vorhaben sind, sofern ihre Erschließung gesichert ist, nach Absatz 2 nur im Einzelfall zuzulassen, vorausgesetzt öffentliche Belange werden nicht beeinträchtigt.[331]
Die praktisch bedeutsamsten öffentlichen Belange sind in dem nicht abschießenden Katalog („*insbesondere*") des § 35 Abs. 3 S.1 beispielhaft aufgezählt.[332] Die danach zu berücksichtigenden öffentlichen Belange gelten entgegen der Formulierung („*Beeinträchtigung*") für die Absätze 1 und 2 gleichermaßen.[333]
Im Rahmen der Prüfung, ob öffentliche Belange entgegenstehen bzw. beeinträchtigt werden, erfolgt eine Abwägung zwischen dem Vorhaben und den von ihm berührten öffentlichen Belangen.[334] Es ist auf der einen Seite zu berücksichtigen, welche öffentlichen Belange von dem Vorhaben tangiert werden und welches Gewicht ihnen im konkreten Fall zukommt.[335] Dem sind auf der anderen Seite die Interessen an der Durchführung des privilegierten oder sonstigen Vorhabens gegenüberzustellen.[336] Dabei kommt den gemäß § 35 Abs. 1 privilegierten Außenbereichsvorhaben ein besonderes Gewicht zu, was zu einem stärkeren Durchsetzungsvermögen gegenüber den von ihnen berührten öffentlichen Belangen führt.[337] In welchem Maße das Durchsetzungsvermögen

331 Der Zulassungstatbestand des § 35 Abs. 2 verleiht der Genehmigungsbehörde trotz des Wortlautes („können") nach allgemeiner Überzeugung kein Ermessen. Siehe BVerwGE 18, 247, 250 f.; Brohm, Öffentliches Baurecht, 407; Dürr/Middeke, Rn. 128.

332 Brohm, Öffentliches Baurecht, 412; Bracher, in: G/B/R, Rn. 2539; Stüer, Handbuch des Bau- und Fachplanungsrechts, C, Rn. 1554.

333 Brohm, Öffentliches Baurecht, 412; Stüer, Handbuch des Bau- und Fachplanungsrechts, C, Rn. 1554.

334 BVerwG, DÖV 1979, 905, 907; BVerwG, DVBl. 1987, 1008, 1011; Krautzberger, in: B/K/L, § 35, Rn. 45 ff.; Bracher, in: G/B/R, Rn. 2532.

335 BVerwG, DÖV 1979, 905, 907; Söfker, in: E/Z/B/K, § 35, Rn. 60; Bönker, in: H/B/G, 369.

336 Krautzberger, in: B/K/L, § 35, Rn. 47; Stüer, Handbuch des Bau- und Fachplanungsrechts, C, Rn. 1555.

337 BVerwGE 48, 109, 114; BVerwG, DÖV 1979, 905, 907; Krautzberger, in: B/K/L, § 35, Rn. 45; Brohm, Öffentliches Baurecht, 412; Söfker, in: E/Z/B/K, § 35, Rn. 60; Bracher, in: G/B/R, Rn. 2532; Bönker, in: H/B/G, 369.

gegenüber einzelnen öffentlichen Belangen zunimmt, hängt von der Art des Vorhabens und der darauf anzuwendenden Privilegierungsvorschrift ab.[338] Bei diesem Abwägungsvorgang handelt es sich um eine nachvollziehende Abwägung, nicht um eine gestaltende oder planerische Abwägung.[339] Es werden das Vorhaben und die davon berührten öffentlichen Belange zueinander in Beziehung gesetzt und dabei die gesetzlich vorgegebenen, allgemeinen Wertungen nachvollzogen und für den Einzelfall konkretisiert.[340] Die Abwägung ermittelt also nur, inwiefern es zu einer negativen Berührung mit öffentlichen Belangen kommt.[341] Liegt im Ergebnis ein Verstoß gegen öffentliche Belange vor, so kann dieser nicht wegen vermeintlicher Vorzüge des Vorhabens kompensiert werden.[342] Eine derartige Saldierung der Vor- und Nachteile ist der bauleitplanerischen Abwägung und Konfliktbewältigung vorbehalten.[343] Durch den nachvollziehenden Gewichtsvergleich im Rahmen der Abwägung nach § 35 soll festgestellt werden, ob in tatbestandlicher Hinsicht öffentliche Belange i.S.v. Abs. 1 entgegenstehen bzw. i.S.v. Abs. 2 beeinträchtigt werden.[344] Dabei ist ein nach § 35 Abs. 1 privilegiertes Vorhaben nicht bereits unzulässig, wenn öffentliche Belange beeinträchtigt werden, sondern erst wenn sie dem Vorhaben entgegenstehen. Darin liegt der wesentliche graduelle Unterschied zwischen den im Außenbereich bevorzugt zulässigen Vorhaben und den sonstigen Vorhaben nach § 35 Abs. 2.[345] Diese gesetzliche Bevorzugung der Vorhaben nach § 35 Abs. 1 ist Folge ihrer Zweckbestimmung: Sie können häufig, etwa als land- oder forstwirtschaftliche Betriebe oder als umweltgefährdende Anlagen, sinnvoll nur im Außenbereich errichtet werden.[346]

Wie bereits erwähnt, kann sich ein nachbarlicher Abwehranspruch gegenüber einem nach § 35 zu beurteilenden Vorhaben nach der Rechtsprechung nur aus

---

338 BVerwG, DÖV 1979, 905, 907; Söfker, in: E/Z/B/K, § 35, Rn. 60; Bönker, in: H/B/G, 369.

339 Brohm, Öffentliches Baurecht, 412 f.

340 BVerwG, DVBl. 1987, 1008, 1011; Brohm, Öffentliches Baurecht, 412 f.; Bönker, in: H/B/G, 369; Weyreuther, Bauen im Außenbereich, 18 f.

341 Krautzberger, in: B/K/L, § 35, Rn. 47.

342 BVerwGE 42, 8, 14 ff.; Brohm, Öffentliches Baurecht, 412 f.; Bönker, in: H/B/G, 370; Weyreuther, Bauen im Außenbereich, 18 f.

343 Krautzberger, in: B/K/L, § 35, Rn. 47; Bönker, in: H/B/G, 369; Stüer, Handbuch des Bau- und Fachplanungsrechts, C, Rn. 1555.

344 Weyreuther, Bauen im Außenbereich, 18 f.

345 Krautzberger, in: B/K/L, § 35, Rn. 45; Söfker, in: E/Z/B/K, § 35, Rn. 60; Stüer, Handbuch des Bau- und Fachplanungsrechts, C, 1554.

346 Brohm, Öffentliches Baurecht, 401.

dem Gebot der Rücksichtnahme ergeben.[347] Dieses hat nach Auffassung des BVerwG für Immissionskonflikte in § 35 Abs. 3 S. 1 Nr. 3 einen positiv-rechtlichen Niederschlag gefunden.[348] Danach liegt eine Beeinträchtigung öffentlicher Belange vor, wenn ein Vorhaben schädliche Umwelteinwirkungen hervorrufen kann oder ihnen ausgesetzt wird. In seiner früheren Rechtsprechung betonte das Gericht, dass das Gebot der Rücksichtnahme auch über das hinausgehe, was § 35 Abs. 3 S. 1 Nr. 3 mit dem Begriff der schädlichen Umwelteinwirkungen erfasst.[349] Sofern andere als Immissionsbelastungen in Frage kämen, sei auf das Rücksichtnahmegebot als ungeschriebener öffentlicher Belang im Sinne des § 35 Abs. 3 S. 1 zurückzugreifen.[350]
In jüngerer Zeit geht das Gericht jedoch dazu über, das Gebot der Rücksichtnahme für Außenbereichskonflikte nur noch in Verbindung mit dem – praktisch ohnehin bedeutendsten[351] – Fall des § 35 Abs. 3 S. 1 Nr. 3 zu erwähnen.[352]
Die sich in objektiv-rechtlicher Hinsicht aus dem Gebot der Rücksichtnahme ergebenden Anforderungen an ein im Außenbereich zu errichtendes Vorhaben ermittelt das Gericht anhand einer Bewertung der jeweiligen Umstände des Einzelfalles. Es wägt ab, was einerseits dem Rücksichtnahmebegünstigten und andererseits dem Rücksichtnahmepflichtigen nach Lage der Dinge zuzumuten ist.[353] Sofern es sich um einen Immissionskonflikt handelt, ist nach dem BVerwG bei der Beurteilung der Zumutbarkeit auf die Grundsätze und Begriffe des Bundesimmissionsschutzgesetzes (BImSchG) zurückzugreifen.[354] Es verweist dazu auf § 3 Abs. 1 BImSchG, der den Begriff der schädlichen Umwelteinwirkungen für das BImSchG definiert. Einwirkungen, die diesen Grad erreichen, seien auch im Rahmen des bauplanungsrechtlichen

347 Vgl. BVerwG, NVwZ 1983, 609; BVerwG, NVwZ 2000, 552, 553; Bracher, in: G/B/R, Rn. 2677.
348 BVerwG, ZfBR 1994, 142 f.; Krautzberger, in: B/K/L, § 35, Rn. 55; Schmaltz, in: Schrödter, § 35, Rn. 72, 168; Seidel, 236.
349 BVerwG, NVwZ 1983, 609, 610.
350 BVerwG, NVwZ 1983, 609, 610; BVerwG, ZfBR 1994, 142; Krautzberger, in: B/K/L, § 35, Rn. 55.
351 Vgl. Mampel, Nachbarschutz, 217.
352 Vgl. BVerwG, NVwZ 2000, 552, 553; BVerwG, UPR 2001, 76; BVerwG, NVwZ-RR 2002, 329; Brohm, Öffentliches Baurecht, 403; Graulich, 48.
353 BVerwGE 52, 122, 126 f.; BVerwG, NVwZ 1983, 609, 610; BVerwG, ZfBR 1994, 142, 143; Krautzberger, in: B/K/L, § 35, Rn. 55; Schmaltz, in: Schrödter, § 35, Rn. 73; siehe auch A 1.
354 BVerwGE 52, 122, 126 f.; BVerwG, NVwZ 1983, 609, 610; Krautzberger, in: B/K/L, § 35, Rn. 55.

Rücksichtnahmegebots den davon Betroffenen nicht zumutbar.[355] Insofern konkretisiert das BImSchG die Grenze der Zumutbarkeit von Umwelteinwirkungen für die Nachbarschaft, also die gebotene Rücksichtnahme, allgemein und folglich auch mit Wirkung für das Baurecht.[356] Das baurechtliche Rücksichtnahmegebot kann deshalb dem Verursacher von Umwelteinwirkungen nicht mehr an Rücksichtnahme auf die Nachbarschaft abverlangen, als es das BImSchG vorschreibt.[357] Allerdings hat auch die bauplanungsrechtliche Situation ihrerseits Einfluss auf die Bestimmung der immissionsschutzrechtlichen Schutzwürdigkeit eines Gebiets. Immissionsschutz- und Bebauungsrecht stehen also in Wechselwirkung zueinander.[358]
Immissionen, die das für (gemäß § 4 Abs. 1 BImSchG) genehmigungsbedürftige Anlagen nach § 5 Abs. 1 Nr. 1 BImSchG und für nicht genehmigungsbedürftige Anlagen nach § 22 Abs. 1 BImSchG zulässige Maß nicht überschreiten, begründen auch keine Verletzung des bauplanungsrechtlichen Rücksichtnahmegebots.[359]

Drittschutz gewährt das BVerwG im Falle einer Verletzung des in § 35 Abs. 3 S. 1 Nr. 3 enthaltenen Rücksichtnahmegebots ausschließlich nach den im Urteil vom 25.2.1977 entwickelten Kriterien der Qualifizierung und Individualisierung.[360] Die übrigen nach § 35 Abs. 3 S. 1 Nr. 1 bis 8 zu berücksichtigenden öffentlichen Belange spielen für den Drittschutz keine Rolle.[361]

2) Auslegung

a) Austauschverhältnis

Im Hinblick auf ein mögliches Austauschverhältnis könnte die Regelung des § 35 Abs. 1 von Bedeutung sein. Aus der gesetzlichen Zuweisung der privilegierten Vorhaben in den Außenbereich gemäß § 35 Abs. 1 könnte

355 BVerwGE 52, 122 126 f.
356 BVerwGE 68, 58, 60; BVerwG, DVBl. 1989, 1050; BVerwG, DVBl. 1993, 111, 113.
357 BVerwGE 68, 58, 60; Krautzberger, in: B/K/L, § 35, Rn. 55.
358 BVerwGE 74, 315, 326; BVerwG, DVBl. 1989, 1050; BVerwG, DVBl. 1993, 111, 113.
359 BVerwGE 68, 58, 59 f.; BVerwGE 74, 315, 326; BVerwG, DVBl. 1993, 111, 113.
360 BVerwGE 52, 122, 131; BVerwG, NVwZ 1983, 609, 610; BVerwG, UPR 2001, 76; Söfker, in: E/Z/B/K, § 35, Rn. 186; Schmaltz, in: Schrödter, § 35, Rn. 169; Battis/Diehl, AgrarR 1993, 197, 199; siehe auch A 2.
361 Bracher, in: G/B/R, Rn. 2677.

geschlossen werden, dass den dort privilegiert Ansässigen eine Rechtsstellung zukommt, die der der Grundeigentümer in einem faktischen oder geplanten Baugebiet nach der BauNVO vergleichbar ist.[362] Auf diesen Erwägungen beruht auch die frühere Rechtsprechung des BVerwG zum Drittschutz unmittelbar aus § 35 Abs. 1.[363]
Mittlerweile hebt das Gericht jedoch hervor, dass der auf die Erhaltung der Gebietsart gerichtete Nachbarschutz notwendigerweise auch einen bestimmten Charakter des Gebiets voraussetzt. Das ist bei einer einheitlichen baulichen Nutzung der Fall, wie sie die Baugebietsvorschriften der BauNVO für die Nutzungsart vorsehen. Dem Außenbereich fehlt aber aufgrund der unterschiedlichen Privilegierungstatbestände des § 35 Abs. 1 gerade ein einheitlicher Gebietscharakter.[364] Wegen der Vielfalt der nach § 35 Abs. 1 bevorzugt im Außenbereich auszuführenden Vorhaben entsteht dort kein wechselseitiges Austauschverhältnis unter den Eigentümern.[365] Auch nimmt § 35 Abs. 1 keinen Ausgleich zwischen den im Außenbereich aufeinandertreffenden, gegensätzlichen Nachbarinteressen vor. Die Vorschrift dient dem öffentlichen Interesse an einer sinnvollen Unterbringung von Vorhaben, die im beplanten oder unbeplanten Innenbereich nicht verwirklicht werden sollen bzw. nur in bestimmten Außenbereichslagen errichtet werden können. Konflikte zwischen einzelnen Vorhaben werden durch sie nicht ausgeräumt.[366] Der Gedanke des Austauschverhältnisses führt im Zusammenhang mit § 35 Abs. 1 nicht weiter.

b) Schädliche Umwelteinwirkungen

Eine Auslegung des § 35 auf seinen drittschützenden Charakter muss also, insofern herrscht Übereinstimmung mit der Rechtsprechung des BVerwG, bei § 35 Abs. 3 S. 1 Nr. 3 ansetzen. Danach liegt eine Beeinträchtigung öffentlicher Belange vor, wenn ein Vorhaben schädliche Umwelteinwirkungen hervorrufen kann oder ihnen ausgesetzt wird. Zur Definition des Begriffs der schädlichen Umwelteinwirkungen in § 35 Abs. 3 S. 1 Nr. 3 ist nach allgemeiner Ansicht in

---

362 Vgl. Mampel, Nachbarschutz, 216.
363 Vgl. Dürr, in: Brügelmann, § 35, Rn. 186; Mampel, Nachbarschutz, 216.
364 BVerwG, NVwZ 2000, 552, 553.
365 Seidel, 237.
366 Mampel, Nachbarschutz, 217.

Rechtsprechung und Literatur § 3 Abs. 1 BImSchG heranzuziehen.[367] Die im Zuge der BBauG-Novelle 1976 geschaffene Vorschrift des § 35 Abs. 3 S. 1 Nr. 3 hat die Begriffsbestimmung des BImSchG für das Baurecht übernommen.[368]
§ 3 Abs. 1 BImSchG definiert schädliche Umwelteinwirkungen als „Immissionen, die nach Art, Ausmaß oder Dauer geeignet sind, Gefahren, erhebliche Nachteile oder erhebliche Belästigungen für die Allgemeinheit oder die Nachbarschaft herbeizuführen." Der Begriff besteht danach aus zwei Elementen. Die Umwelteinwirkung muss eine Immission im Sinne von § 3 Abs. 2 BImSchG darstellen und sie muss zudem eine bestimmte Störqualität besitzen.[369] Durch die Einbeziehung der Nachbarschaft in den Begriff der schädlichen Umwelteinwirkungen kommt diesem eine potentiell drittschützende Funktion zu. Allerdings ist für jede Vorschrift, die diesen Begriff in Bezug nimmt, eigenständig zu prüfen, ob sie der Nachbarschaft subjektive Rechte vermittelt.[370]
Vor diesem Hintergrund wird in der Literatur angeregt, auf das Gebot der Rücksichtnahme zur Begründung subjektiver öffentlicher Rechte in § 35 Abs. 3 S. 1 Nr. 3 zu verzichten.[371] Nachfolgend soll deshalb das allein maßgebliche Tatbestandsmerkmal des § 35 Abs. 3 S. 1 Nr. 3 in objektiv-, wie subjektivrechtlicher Hinsicht untersucht werden.
Dass, wie bereits dargelegt, bei der Beurteilung immissionsschutzrechtlicher Konflikte im Bauplanungsrecht auf die entsprechenden Regelungen des BImSchG zurückzugreifen ist, ist insbesondere für die Handhabung von § 35 Abs. 3 S. 1 Nr. 3 von entscheidender Bedeutung, denn die von der Vorschrift erfassten schädlichen Umwelteinwirkungen sind ausschließlich Immissionen. Dabei stellt sich insbesondere die Frage, inwiefern sich die vom BImSchG vorgenommene Unterteilung in immissionsschutzrechtlich genehmigungsbedürftige und nicht genehmigungsbedürftige Anlagen auf die Auslegung des § 35 Abs. 3 S. 1 Nr. 3 auswirkt.

---

367 BVerwGE 52, 122, 126; BVerwG, NVwZ 1991, 64, 65; Krautzberger, in: B/K/L, § 35, Rn. 54; Dürr, in: Brügelmann, § 35, Rn. 84; Söfker, in: E/Z/B/K, § 35, Rn. 88; Dürr/Middeke, Rn. 130; Bracher, in: G/B/R, Rn. 2552.

368 Schmidt-Preuß, Privatinteressen, 266; Kraft, VerwArch 89 (1998), 264, 278.

369 Feldhaus, § 3, Anm. 6; Jarass, BImSchG, § 3, Rn. 21; Graulich, 73; Koch, Umweltrecht, 159.

370 Feldhaus, § 3, Anm. 6; Jarass, BImSchG, § 3, Rn. 31; Kutscheidt, in: Landmann/Rohmer, § 3, Rn. 6 g; Petersen, 60.

371 Koch/Hendler, § 28, Rn. 28; Battis/Diehl, AgrarR 1993, 197, 199; Hösch, GewArch 1999, 402, 404; Kraft, VerwArch 89 (1998), 264, 277 f.; Redeker, DVBl. 1984, 870, 874.

aa) Immissionsschutzrechtlich genehmigungsbedürftige Anlagen

Sofern es sich bei dem nach § 35 zu beurteilenden Vorhaben im Außenbereich um eine gemäß § 4 Abs. 1 BImSchG immissionsschutzrechtlich genehmigungsbedürftige Anlage handelt, wird nach einhelliger Auffassung das Maß der zulässigen Immissionen von § 5 Abs. 1 Nr. 1 BImSchG allgemein, also auch mit Wirkung für das Baurecht bestimmt. Es ist unbestritten, dass das Baurecht gegenüber schädlichen Umwelteinwirkungen keinen andersartigen oder weitergehenden (Nachbar-) Schutz vermittelt.[372] Dass muss dann auch für die Auslegung des § 35 Abs. 3 S. 1 Nr. 3 gelten, in dem in gleicher Weise wie in § 5 Abs. 1 Nr. 1 BImSchG von einem Hervorrufen schädlicher Umwelteinwirkungen die Rede ist.

Der Verweis auf § 5 Abs. 1 Nr. 1 BImSchG kann sich dabei nur auf dessen erste Alternative (schädliche Umwelteinwirkungen) beziehen, da die in der zweiten Alternative erwähnten sonstigen Gefahren, Nachteile und Belästigungen auf nicht immissionsbedingte Einwirkungen abstellen.[373]

Die Schutzpflicht des § 5 Abs. 1 Nr. 1 BImSchG gilt, wie bereits erwähnt, für die Errichtung und den Betrieb von Anlagen, die in besonderem Maße geeignet sind, schädliche Umwelteinwirkungen hervorzurufen und daher gemäß § 4 Abs. 1 BImSchG dem immissionsschutzrechtlichen Genehmigungsverfahren unterfallen. Diesem Verfahren kommt die Besonderheit zu, dass in ihm nach den §§ 6 Abs. 1 Nr. 2, 13 S. 1 BImSchG über andere, die Anlage betreffende behördliche Entscheidungen mitentschieden wird. Die immissionsschutzrechtliche Genehmigung ersetzt danach alle anderen, vor Errichtung und Betrieb der Anlage einzuholenden behördlichen Entscheidungen und damit auch die Baugenehmigung.[374] Diese Konzentrationswirkung hat jedoch nicht zur Folge, dass über die materiellen Voraussetzungen der eingeschlossenen Genehmigungen in anderer Weise entschieden wird. Sie sind gemäß § 6 Abs. 1 Nr. 2 BImSchG vollumfänglich einzuhalten.[375] Sofern also eine nach dem BImSchG genehmigungsbedürftige Anlage im bauplanungsrechtlichen Außenbereich verwirklicht werden soll, hat die immissionsschutzrechtliche Genehmigungsbehörde, wenn es sich um ein Vorhaben im Sinne des § 29 Abs. 1 handelt, auch über die materiell-rechtlichen Voraussetzungen des § 35 zu

---

372 Vgl. BVerwGE 68, 58, 59 f.; BVerwGE 74, 315, 326; BVerwG, DVBl. 1989, 1050; BVerwG, DVBl. 1993, 111, 113; Bracher, in: G/B/R, Rn. 2553; Jarass, BImSchG, § 6, Rn. 17; Graulich, 56 f.

373 Vgl. Jarass, BImSchG, § 5, Rn. 7.

374 BVerwGE 84, 209, 214; Jarass, BImSchG, § 13, Rn. 3 ff.; Koch, Umweltrecht, 189; Schmidt, Umweltrecht, 76.

375 Feldhaus, § 6, Anm. 6; Jarass, BImSchG, § 5, Rn. 8; § 13, Rn. 17; Hoppe/Beckmann/Kauch, 543; Schmidt, Umweltrecht, 76.

entscheiden.[376] Hinsichtlich der Zulässigkeit von Immissionen ist der für § 35 Abs. 3 S. 1 Nr. 3 zu beachtende Maßstab allerdings, wie bereits erwähnt, dem § 5 Abs. 1 Nr. 1 BImSchG zu entnehmen:

(1) Erheblichkeit

Die Schutzpflicht des § 5 Abs. 1 Nr. 1 BImSchG gibt dem Anlagenbetreiber auf, bei Errichtung und Betrieb der Anlage keine konkret schädlichen Umwelteinwirkungen hervorzurufen.[377] Schädliche Umwelteinwirkungen werden in § 3 Abs. 1 BImSchG definiert als Immissionen, die geeignet sind, Gefahren, erhebliche Nachteile oder erhebliche Belästigungen für die Allgemeinheit oder die Nachbarschaft herbeizuführen. Dabei ist die Erheblichkeit nicht nur, wie der Wortlaut vermuten lässt, im Falle von Nachteilen und Belästigungen zu prüfen. Denn mit Gefahr ist die Möglichkeit eines Schadens gemeint; dieser kann seinerseits nur bei einer erheblichen Beeinträchtigung eines der Schutzgüter des § 1 BImSchG angenommen werden. Die Erheblichkeit ist folglich auch im Begriff des Schadens enthalten.[378] Somit kommt der Erheblichkeit der negativen Effekte, welche die Immissionen auszulösen geeignet sind, entscheidende Bedeutung bei der Beurteilung der Schädlichkeit der Umwelteinwirkung zu.[379] Der Begriff der Erheblichkeit ist gleichzusetzen mit der Zumutbarkeit der Beeinträchtigungen für die Allgemeinheit bzw. die Nachbarschaft.[380] Die Zumutbarkeitsgrenze richtet sich nach dem Empfinden eines verständigen Durchschnittsmenschen in der jeweiligen Lage.[381]

Abgesehen von Gesundheitsschäden, die immer erheblich sind,[382] ist fraglich, welche Gesichtspunkte für die Beurteilung der Erheblichkeit herangezogen werden können.

Richtigerweise kommt es bei der Bestimmung der Erheblichkeitsschwelle auf die Wirkungen der Immissionen für die betroffenen Schutzgüter an.[383]

---

376 Wasielewski, in: GK-BImSchG, § 6, Rn. 19.

377 Hoppe/Beckmann/Kauch, 523.

378 Koch, in: GK-BImSchG, § 3, Rn. 57; Jarass, BImSchG, § 3, Rn. 24 ff.; Graulich, 74; Petersen, 64.

379 Jarass, BImSchG, § 3, Rn. 25, 46, 52.

380 Kutscheidt, in: Landmann/Rohmer, § 3, Rn. 14; Petersen, 64.

381 Feldhaus, § 3, Anm. 10; Kutscheidt, in: Landmann/Rohmer, § 3, Rn. 15 a; Petersen, 73.

382 Vgl. Jarass, BImSchG, § 3, Rn. 46 f.; Graulich, 76 f; Petersen, 72.

383 Jarass, BImSchG, § 3, Rn. 47; Kutscheidt, in: Landmann/Rohmer, § 3, Rn. 15; Dietlein, in: Landmann/Rohmer, § 5, Rn. 56; Petersen, 72.

Schutzwürdigkeit und Schutzbedürftigkeit des Verursachers spielen entsprechend der Schutzrichtung des BImSchG keine Rolle.[384] Dies folgt schon daraus, dass bei der Bewertung der negativen Effekte auf die Gesamtbelastung für den Betroffenen abzustellen ist und nicht auf den Mitverursachungsanteil des einzelnen Emittenten.[385] Belange des Anlagenbetreibers können nur insofern von Bedeutung sein, als sie die Situation des Einwirkungsbereichs beeinflussen.[386] Welche Belastungen auf den Immissionsverursacher durch eine Vermeidung schädlicher Umwelteinwirkungen zukommen, findet also keine Berücksichtigung.[387]

Allerdings fließen in die Beurteilung des unbestimmten Rechtsbegriffs der Erheblichkeit auch wertende Elemente ein.[388] Insbesondere hat die jeweilige Gebietsart des Einwirkungsortes entscheidenden Einfluss auf die Schutzwürdigkeit und Schutzbedürftigkeit der betroffenen Rechtsgüter.[389] So kann ein und die selbe Immission an dem einen Ort als zumutbar und an einem anderen als unzumutbar anzusehen sein.[390] Dabei bestimmt sich die Art des Gebiets in erster Linie nach den rechtlichen Nutzungsvorgaben, vor allem den Festsetzungen eines Bebauungsplans in Verbindung mit den Baugebietsvorschriften der BauNVO.[391] Durch eine entsprechende Bauleitplanung können auch Gesichtspunkte des Allgemeininteresses in die Beurteilung der Erheblichkeit einfließen.[392] Im übrigen ist es ausgeschlossen, den Nutzen der immissionsverursachenden Anlage für die Allgemeinheit, sofern dieser sich nicht gesetzlich niedergeschlagen hat, bei der Beurteilung der Zumutbarkeit mit einzubeziehen.[393]

Fehlen bauleitplanerische Vorgaben, kommt es für die Bestimmung der Gebietsart auf die tatsächlichen Verhältnisse und somit die Ortsüblichkeit an.[394] Dies gilt auch für den bauplanungsrechtlichen Außenbereich, in dem regelmäßig

---

384 BVerwG, UPR 1983, 27 f.; Jarass, BImSchG, § 5, Rn. 22; Kutscheidt, in: Landmann/Rohmer, § 3, Rn. 15.

385 Vgl. Kutscheidt, in: Landmann/Rohmer, § 3, Rn. 15.

386 Petersen, 82 f.

387 Jarass, BImSchG, § 3, Rn. 62, § 5, Rn. 22.

388 Jarass, BImSchG, § 3, Rn. 47; Kutscheidt, in: Landmann/Rohmer, § 3, Rn. 14 c; Graulich, 78.

389 Feldhaus, § 3, Anm. 10; Koch, in: GK-BImSchG, § 3, Rn. 58 ff.

390 Koch, in: GK-BImSchG, § 3, Rn. 59; Jarass, BImSchG, § 3, Rn. 55.

391 BVerwGE 74, 315, 326; BVerwG, DVBl. 1989, 1050; BVerwG, DVBl. 1993, 111, 113; Jarass, BImSchG, § 3, Rn. 56; Kutscheidt, in: Landmann/Rohmer, § 3, Rn. 15 c.

392 Jarass, BImSchG, § 5, Rn. 23.

393 Feldhaus, § 6, Anm. 3; Jarass, BImSchG, § 3, Rn. 62, § 5, Rn. 23; Dietlein, in: Landmann/Rohmer, § 5, Rn. 56.

394 Kutscheidt, in: Landmann/Rohmer, § 3, Rn. 15 c.

ein höheres Immissionsniveau als in Wohngebieten hinzunehmen ist.[395] Die Erheblichkeitsschwelle kann dadurch angehoben werden, dass zum Zeitpunkt der Aufnahme der beeinträchtigten Aktivität der Gebietscharakter bereits durch vorhandene Immissionsquellen geprägt wird. Jedoch ist eine derart vorgefundene Vorbelastung nur zu berücksichtigen, wenn sie von einer formell rechtmäßigen und nicht schon ihrerseits unzumutbaren Anlage ausgeht.[396]
Treffen Gebiete unterschiedlicher Nutzungsart aufeinander, ist hinsichtlich der Feststellung der Zumutbarkeitsschwelle ein wechselseitiger Ausgleich in der Art einer Mittelwertbildung vorzunehmen.[397]
Das Bebauungsrecht regelt als Bodenrecht folglich nicht nur, welche Nutzungen an bestimmten Standorten zulässig sind, sondern wirkt sich auch gebietsspezifisch auf das zulässige Immissionsniveau aus.[398]

(2) Besonderheiten des § 35

Für die Anwendung des § 35 folgt hieraus, dass ein im Außenbereich geplantes Vorhaben, welches zugleich eine im Sinne des § 4 Abs. 1 BImSchG genehmigungspflichtige Anlage darstellt, auch bauplanungsrechtlich nicht genehmigungsfähig ist, wenn es gemäß § 5 Abs. 1 Nr. 1 BImSchG schädliche Umwelteinwirkungen hervorrufen kann. Es liegt dann immer auch ein Verstoß gegen § 35 Abs. 3 S. 1 Nr. 3 vor. Wie bereits oben[399] erläutert, kann sich auch ein nach § 35 Abs. 1 privilegiertes Vorhaben nicht gegenüber einem öffentlichen Belang durchsetzen, wenn dieser, wie in diesem Fall § 35 Abs. 3 S. 1 Nr. 3, verletzt ist und somit der Ausführung des Vorhabens entgegensteht.
Insofern ist der Ansicht von *Söfker*[400] entgegenzutreten, wonach einem Vorhaben im Sinne des § 35 Abs. 1 Nr. 4, das wegen seiner besonderen Anforderungen an die Umgebung oder seiner nachteiligen Wirkung auf die Umgebung nur im Außenbereich ausgeführt werden soll, nicht entgegengehalten werden könne, dass von ihm überhaupt schädliche Umwelteinwirkungen ausgehen. Es sei vielmehr zu prüfen, ob das Vorhaben die in der konkreten Situation gebotene Rücksicht auf die Umgebungsbebauung nimmt.[401]

---

395 Vgl. VGH Mannheim, NVwZ 1997, 1014 f.
396 Kutscheidt, in: Landmann/Rohmer, § 3, Rn. 15 d; Petersen, 79 f.
397 Kutscheidt, in: Landmann/Rohmer, § 3, Rn. 15 c.
398 BVerwGE 88, 143, 144 f.; Koch, in: GK-BImSchG, § 3, Rn. 62.
399 Siehe D II 1.
400 Vgl. Söfker, in: E/Z/B/K, § 35, Rn. 89.
401 Vgl. Söfker, in: E/Z/B/K, § 35, Rn. 89.

Dieser Auffassung kann, jedenfalls hinsichtlich immissionsschutzrechtlich genehmigungsbedürftiger Anlagen (was bei Vorhaben nach § 35 Abs. 1 Nr. 4 regelmäßig der Fall sein wird), nicht gefolgt werden, da sie in Widerspruch zu § 5 Abs. 1 Nr. 1 BImSchG steht, der konkret schädliche Umwelteinwirkungen ohne Einschränkung untersagt und dementsprechend die Auslegung der immissionsbezogenen Vorschriften des Baurechts beeinflusst. Zugunsten eines im Außenbereich zu errichtenden, emittierenden Vorhabens, welches nach § 35 Abs. 1 zu beurteilen ist, ist lediglich bei der Frage, ob die von ihm verursachten Immissionen unzumutbar sind und damit schädliche Umwelteinwirkungen darstellen, der Umstand anzuführen, dass die Umgebung regelmäßig mit außenbereichstypischen Einwirkungen vorbelastet ist.[402] Dies wirkt sich für eine benachbarte, störungsempfindliche Nutzung schutzmindernd aus.[403] Auch Grundstücke in einem Plangebiet bzw. im nicht beplanten Innenbereich, die an der Grenze zum Außenbereich liegen, müssen regelmäßig ein höheres Maß an Immissionen in Kauf nehmen.[404] Sofern danach aber tatbestandlich eine schädliche Umwelteinwirkung vorliegt, ist das Vorhaben in jedem Fall unzulässig.

Das bisher Ausgeführte bezieht sich jedoch nur auf die erste Alternative des § 35 Abs. 3 S. 1 Nr. 3 (Hervorrufen schädlicher Umwelteinwirkungen). Nach dessen zweiter Alternative liegt auch eine Beeinträchtigung öffentlicher Belange vor, wenn sich ein Vorhaben im Außenbereich schädlichen Umwelteinwirkungen aussetzt. Damit soll, neben der allgemeinen Vermeidung städtebaulicher Konflikte, vor allem verhindert werden, dass eine wegen ihrer nachteiligen Wirkung auf die Umgebung in den Außenbereich verwiesene Nutzung nachträglich dadurch eingeschränkt wird, dass sich in ihrer Nähe ein immissionsempfindliches Vorhaben ansiedelt, von dem aus dann immissionsschutzrechtlich gegen den Verursacher vorgegangen wird.[405]
Wenn es aber in erster Linie um den Schutz der immissionsverursachenden Nutzung geht, dann muss sich auch die Frage, wann sich ein Vorhaben in diesem Sinne schädlichen Umwelteinwirkungen aussetzt, nach der Art der emittierenden Anlage richten. Denn das Schutzniveau, welches das beeinträchtigte Vorhaben in Anspruch nehmen kann, hängt davon ab, ob es sich bei der potentiell mit Abwehransprüchen konfrontierten Nutzung um eine immissionsschutzrechtlich genehmigungsbedürftige Anlage handelt oder nicht.

---

402 Vgl. Bracher, in: G/B/R, Rn. 2553; Weyreuther, Bauen im Außenbereich, 262 f.
403 VGH Mannheim, NVwZ 1997, 1014; Mampel, Nachbarschutz, 292.
404 Mampel, Nachbarschutz, 294.
405 Dürr, in: Brügelmann, § 35, Rn. 86.

Was das im einzelnen bedeutet, sei hier zurückgestellt und unten im Zusammenhang mit den immissionsschutzrechtlich genehmigungsfreien Anlagen behandelt.

(3) Drittschutz

Zur Definition des Begriffs der schädlichen Umwelteinwirkungen in § 35 Abs. 3 S. 1 Nr. 3 ist, wie mehrfach erwähnt, § 3 Abs. 1 BImSchG heranzuziehen. Indem die Vorschrift auf Gefahren, erhebliche Nachteile oder erhebliche Belästigungen (auch) für die Nachbarschaft verweist, kommt dem Rechtsbegriff der schädlichen Umwelteinwirkungen eine gewisse drittschützende Komponente zu. Ob dies zu einem Abwehrrecht führt, ist jedoch für jede Norm, die den Begriff aufgreift, gesondert zu prüfen.[406] Entscheidend ist dabei, was bezüglich der schädlichen Umwelteinwirkungen geboten, verboten oder erlaubt wird.[407]
§ 35 Abs. 3 S. 1 Nr. 3 enthält materielle Anforderungen an das Emissionsverhalten einer baulichen Anlage im Außenbereich und hat für den Fall, dass diese Anforderungen nicht eingehalten werden, die bauplanungsrechtliche Unzulässigkeit des Vorhabens zur Folge. Oben wurde festgestellt, dass die Vorschrift, sofern es sich bei dem zu genehmigenden Vorhaben um eine immissionsschutzrechtlich genehmigungspflichtige Anlage handelt, ein Hervorrufen konkret schädlicher Umwelteinwirkungen ohne Ausnahme untersagt. Damit dient § 35 Abs. 3 S. 1 Nr. 3 – zumindest auch – dem Schutz der Nachbarschaft. Nachbarn sind bestimmte Personen im Einwirkungsbereich der Anlage.[408] Insofern lässt sich dem individualisierenden Tatbestandsmerkmal der Nachbarschaft ein von der Allgemeinheit abgrenzbarer Personenkreis entnehmen. Da auch die Schutzpflicht des § 5 Abs. 1 Nr. 1 BImSchG durchweg als nachbarschützend angesehen wird,[409] muss gleiches auch für die Parallelvorschrift des § 35 Abs. 3 S. 1 Nr. 3 gelten.
Was die zweite Alternative des § 35 Abs. 3 S. 1 Nr. 3 (...schädlichen Umwelteinwirkungen ausgesetzt wird) betrifft, so ist deren Schutzrichtung zugunsten eines im Außenbereich ansässigen Emittenten entscheidend. Die Regelung soll verhindern, dass dieser Einschränkungen seines genehmigten Betriebs hinnehmen muss, weil sich im Einwirkungsbereich seiner Anlage immissionsempfindliche Vorhaben ansiedeln, die dann ihrerseits gegen die

---

406 Siehe D II 2 b.
407 Graulich, 56.
408 Zum Begriff der Nachbarschaft siehe D II 2 b cc.
409 Vgl. BVerwGE 68, 58, 59; Jarass, BImSchG, § 5, Rn. 120.

Immissionsquelle vorgehen.[410] Dann muss sich der sogenannte latente Störer aber zur Abwehr einer heranrückenden Bebauung, die sich in diesem Sinne schädlichen Umwelteinwirkungen aussetzen würde, auch auf § 35 Abs. 3 S. 1 Nr. 3 berufen können.[411]
Insoweit, als er auch ein Abwehrrecht des Immissionsverursachers gegenüber einem heranrückenden, beeinträchtigten Vorhaben enthält, geht § 35 Abs. 3 S. 1 Nr. 3 über die Parallelvorschrift des § 5 Abs. 1 Nr. 1 BImSchG hinaus.

bb) Immissionsschutzrechtlich nicht genehmigungsbedürftige Anlagen

Handelt es sich bei dem im Außenbereich geplanten Vorhaben um eine wegen ihres geringeren Grades an Umweltgefährlichkeit gemäß § 4 Abs. 1 BImSchG nicht genehmigungspflichtige Anlage, sind die Immissionsschutzbelange in einem durchzuführenden Baugenehmigungsverfahren von der Baugenehmigungsbehörde zu prüfen. Nach den Landesbauordnungen ist die Baugenehmigung zu erteilen, wenn dem Vorhaben öffentlich-rechtliche Vorschriften nicht entgegenstehen.[412] Zu diesen Vorschriften zählt auch die Betreiberpflicht für die immissionsschutzrechtlich genehmigungsfreien Anlagen in § 22 Abs. 1 BImSchG.[413] Das Vorhaben muss allerdings eine Anlage im Sinne des BImSchG darstellen. Aus der Definition der Anlage in § 3 Abs. 5 BImSchG ergibt sich, dass das Objekt im weitesten Sinne „betrieben" werden muss. Der Begriff ist jedoch weit auszulegen.[414]
Im Zusammenhang mit § 35 Abs. 3 S. 1 Nr. 3 sind § 22 Abs. 1 S. 1 Nr. 1 BImSchG und § 22 Abs. 1 S. 1 Nr. 2 BImSchG von Interesse, denn § 22 Abs. 1 S. 1 Nr. 3 BImSchG bezieht sich nicht auf schädliche Umwelteinwirkungen. Dabei bilden § 22 Abs. 1 S. 1 Nr. 1 und Nr. 2 BImSchG eine einheitliche Schutzpflicht.[415]
Es fragt sich, ob § 35 Abs. 3 S. 1 Nr. 3 in diesem Zusammenhang ebenfalls entsprechend den immissionsschutzrechtlichen Vorgaben, hier § 22 Abs. 1 S. 1 Nr. 1, 2 BImSchG, auszulegen ist. Daher ist zunächst der Regelungsgegenstand des § 22 Abs. 1 S. 1 Nr. 1, 2 BImSchG zu betrachten:

---

410 Dürr, in: Brügelmlann, § 35, Rn. 86; Schmaltz, in: Schrödter, § 35, Rn. 71; Dürr/Middeke, Rn. 130.
411 Vgl. Hendrischke, 146 f.
412 Vgl. § 75 Abs. 1 S. 1 BauO NRW.
413 BVerwG, DVBl. 1987, 903, 904; Dürr/Middeke, Rn. 243; Sparwasser/Engel/Voßkuhle, 742 f.
414 Jarass, BImSchG, § 3, Rn. 66.
415 Jarass, BImSchG, § 22, Rn. 22.

Nach den für immissionsschutzrechtlich nicht genehmigungsbedürftige Anlagen geltenden Grundpflichten sind gemäß § 22 Abs. 1 S. 1 Nr. 1 BImSchG nach dem Stand der Technik vermeidbare schädliche Umwelteinwirkungen zu verhindern. Was unter dem Stand der Technik zu verstehen ist, definiert § 3 Abs. 6 BImSchG. Schädliche Umwelteinwirkungen im Sinne des § 3 Abs. 1 BImSchG sind also nicht gänzlich zu vermeiden, sondern nur insofern, als dies unter Anwendung fortschrittlicher Verfahren, Einrichtungen oder Betriebsweisen möglich ist.[416] Da sich der Stand der Technik für Maßnahmen der Emissionsbegrenzung weiterentwickelt, kann aufgrund des dynamischen Charakters der Betreiberpflichten über die §§ 22 ff. BImSchG auch eine nachträgliche Modernisierung der Anlage durchgesetzt werden.[417]

Lassen sich schädliche Umwelteinwirkungen nach dem Stand der Technik nicht vermeiden, so sind sie nach § 22 Abs. 1 S. 1 Nr. 2 BImSchG auf ein Mindestmaß zu beschränken. Dies kann durch nichttechnische Maßnahmen, wie zeitliche Beschränkungen des Anlagenbetriebs oder die Einhaltung von Schutzabständen zu benachbarten immissionsempfindlichen Nutzungen erfolgen, aber auch durch die gänzliche Unterlassung der Errichtung und des Betriebs der Anlage.[418] Schädliche Umwelteinwirkungen sind danach bei immissionsschutzrechtlich genehmigungsfreien Anlagen nicht in jedem Fall zu unterlassen, sie dürfen nur ein Mindestmaß nicht überschreiten.[419]

Allerdings ist das Mindestmaß im Falle konkreter Gefahren für eines der Schutzgüter des § 1 BImSchG stets überschritten.[420] Die emittierende Nutzung ist dann, da die negativen Effekte nach dem Stand der Technik auch nicht vermieden werden können, zu unterlassen. Im übrigen ist bei erheblichen Nachteilen oder Belästigungen die Grenze des Mindestmaßes im Wege einer umfassenden Abwägung zu bestimmen. Dabei sind, im Gegensatz zu der Erheblichkeitsprüfung im Begriff der schädlichen Umwelteinwirkungen, auch der Aufwand des Emittenten für Vermeidungsmaßnahmen sowie das Interesse der Allgemeinheit an dem Anlagenbetrieb in Rechnung zu stellen.[421] In diesem Rahmen kann sich dann zugunsten des Vorhabens auch ein gesetzlicher Privilegierungstatbestand des § 35 Abs. 1, etwa das in § 35 Abs. 1 Nr. 3 zum

---

416 Feldhaus, § 22, Anm. 7.
417 Feldhaus, § 22, Anm. 7; Sparwasser/Engel/Voßkuhle, 744.
418 Feldhaus, § 22, Anm. 8; Jarass, BImSchG, § 22, Rn. 22.
419 Feldhaus, § 22, Anm. 8.
420 Jarass, BImSchG, § 22, Rn. 23.
421 Jarass, BImSchG, § 22, Rn. 33.

Ausdruck kommende Interesse der Allgemeinheit an bestimmten öffentlichen Versorgungsleistungen, auswirken.
§ 22 Abs. 1 S. 1 Nr. 1, 2 BImSchG erlaubt also im Falle von Nachteilen und Belästigungen unter den genannten Voraussetzungen einen Rest an schädlichen Umwelteinwirkungen. In dieser Hinsicht bleibt § 22 Abs. 1 S. 1 Nr. 1, 2 BImSchG hinter dem Schutzniveau des § 5 Abs. 1 Nr. 1 BImSchG zurück, der für genehmigungsbedürftige Anlagen jedes Hervorrufen schädlicher Umwelteinwirkungen untersagt.[422]

Überträgt man nun für die in Rede stehende Konstellation das Schutzniveau des § 22 Abs. 1 S. 1 Nr. 1, 2 BImSchG auf § 35 Abs. 3 S. 1 Nr. 3, so folgt der Schutz vor schädlichen Umwelteinwirkungen auch im Rahmen des § 35 Abs. 3 S. 1 Nr. 3 unterschiedlichen Maßstäben, je nach dem, ob das im Außenbereich zu errichtende Vorhaben eine im Sinne des BImSchG genehmigungspflichtige Anlage darstellt oder nicht.
Im ersten Falle wären schädliche Umwelteinwirkungen gemäß § 35 Abs. 3 S. 1 Nr. 3 in Verbindung mit § 5 Abs. 1 Nr. 1 BImSchG strikt zu verhindern, während im zweiten ein Hervorrufen schädlicher Umwelteinwirkungen nach § 35 Abs. 3 S. 1 Nr. 3 in Verbindung mit § 22 Abs. 1 S. 1 Nr. 1, 2 BImSchG nicht notwendigerweise zur Unzulässigkeit des Vorhabens führen würde.
Durch eine derartige Handhabung des § 35 Abs. 3 S. 1 Nr. 3 wäre gewährleistet, dass die vom BImSchG vorgenommene Differenzierung zwischen den aufgrund ihrer höheren Umweltschädlichkeit nach § 4 Abs. 1 BImSchG genehmigungspflichtigen und den nicht genehmigungspflichtigen Anlagen sich im Städtebaurecht fortsetzen würde.

Gegen eine solche harmonisierende Interpretation des § 35 Abs. 3 S. 1 Nr. 3 entsprechend der Systematik des BImSchG könnte aber sprechen, dass nach § 22 Abs. 2 BImSchG weitergehende öffentlich-rechtliche Vorschriften unberührt bleiben. Damit sind solche Normen gemeint, die gegenüber § 22 Abs. 1 BImSchG strengere bzw. gleichstrenge aber konkretere Anforderungen enthalten.[423] Fraglich ist also, ob § 35 Abs. 3 S. 1 Nr. 3 strengere Anforderungen enthält als § 22 Abs. 1 S. 1 Nr. 1, 2 BImSchG, was zur Folge hätte, dass er letzteren insoweit verdrängen würde.
Es wird vertreten, dass § 35 Abs. 3 S. 1 Nr. 3 eine gegenüber § 22 Abs. 1 BImSchG weitergehende Vorschrift darstelle. Denn nach § 35 Abs. 3 S. 1 Nr. 3 dürften überhaupt keine schädlichen Umwelteinwirkungen hervorgerufen

---

422 Feldhaus, § 22, Anm. 4 f.; Jarass, BImSchG, § 22, Rn. 23.
423 Jarass, BImSchG, § 22, Rn. 14.

werden; die Norm orientiere sich insofern an dem Schutzniveau des § 5 Abs. 1 Nr. 1 BImSchG.[424]

Für die dargestellte Auffassung spricht der Wortlaut des § 35 Abs. 3 S. 1 Nr. 3, aus dem sich eine Beschränkung schädlicher Umwelteinwirkungen auf ein zu tolerierendes Mindestmaß nicht ergibt. Folge dieser Ansicht wäre, dass nach § 35 Abs. 3 S. 1 Nr. 3 ein Hervorrufen schädlicher Umwelteinwirkungen, unabhängig davon, ob es sich um eine immissionsschutzrechtlich genehmigungsbedürftige Anlage handelt oder nicht, stets zur bauplanungsrechtlichen Unzulässigkeit des Vorhabens führen würde.

Der Ansicht ist jedoch entgegenzuhalten, dass sie durch die undifferenzierte Art der Anwendung des § 35 Abs. 3 S. 1 Nr. 3 die in der Systematik der unterschiedlichen Betreiberpflichten im BImSchG zum Ausdruck kommenden Wertungen ignoriert. Insbesondere ist schwer vorstellbar, dass der Gesetzgeber mit § 35 Abs. 3 S. 1 Nr. 3 ausgerechnet für den Außenbereich die Anforderungen an immissionsschutzrechtlich nicht genehmigungspflichtige Anlagen, die typischerweise weniger umweltgefährdend sind, gegenüber der Regelung des § 22 Abs. 1 S. 1 Nr. 1, 2 BImSchG verschärfen wollte. Denn gerade der Außenbereich ist gegenüber Immissionen vergleichsweise unempfindlich, zumal wenn sie von einer nach § 4 Abs. 1 BImSchG nicht genehmigungspflichtigen Anlage ausgehen.

Von einer den § 22 Abs. 1 BImSchG verdrängenden Vorschrift wird im übrigen verlangt, dass sie ihre Vorrangstellung deutlich zum Ausdruck bringen muss.[425] Diese Deutlichkeit lässt § 35 Abs. 3 S. 1 Nr. 3 aber vermissen. Die Norm ist vielmehr offen für eine auch an § 22 Abs. 1 S. 1 Nr. 1, 2 BImSchG orientiert Auslegung.

Auch nach Ansicht des BVerwG verweist das Baurecht hinsichtlich des Schutzes vor schädlichen Umwelteinwirkungen alternativ auf die jeweils spezifischen Pflichten nach § 5 Abs. 1 Nr. 1 BImSchG oder § 22 Abs. 1 S. 1 Nr. 1, 2 BImSchG.[426] Es findet sich dabei kein Anhaltspunkt dafür, dass bezüglich § 35 Abs. 3 S. 1 Nr. 3 anderes gelten solle.

§ 35 Abs. 3 S. 1 Nr. 3 ist daher verletzt, wenn ein im Außenbereich zu errichtendes Vorhaben, das eine immissionsschutzrechtlich nicht genehmigungsbedürftige Anlage darstellt, schädliche Umwelteinwirkungen hervorruft, die nach dem Stand der Technik vermeidbar sind, oder die nach dem Stand der Technik unvermeidbaren schädlichen Umwelteinwirkungen ein Mindestmaß überschreiten.

---

424 Vgl. Roßnagel, in: GK-BImSchG, § 22, Rn. 170.
425 Vgl. Hansmann, in: Landmann/Rohmer, Vor § 22, Rn. 25.
426 Vgl. BVerwGE 68, 58, 60; BVerwGE 74, 315, 326.

Hinsichtlich der zweiten Alternative des § 35 Abs. 3 S. 1 Nr. 3, wonach auch eine Beeinträchtigung öffentlicher Belange vorliegt, wenn ein im Außenbereich geplantes Vorhaben schädlichen Umwelteinwirkungen ausgesetzt wird, wurde oben[427] ausgeführt, dass sich der dabei heranzuziehende Maßstab nach der Art der vorhandenen emittierenden Anlage bemisst. Handelt es sich bei der emittierenden Nutzung, die potentiell mit Abwehransprüchen des neu hinzukommenden Vorhabens rechnen muss, um eine nach § 4 Abs. 1 BImSchG genehmigungsbedürftige Anlage, so ist der Maßstab dem § 5 Abs. 1 Nr. 1 BImSchG zu entnehmen. Das bedeutet, das zu errichtende Vorhaben ist nach § 35 Abs. 3 S. 1 Nr. 3 in jedem Falle unzulässig, wenn es sich schädlichen Umwelteinwirkungen aussetzt.
Stellt die – möglicherweise mit Abwehransprüchen konfrontierte – emittierende Nutzung eine immissionsschutzrechtlich nicht genehmigungspflichtige Anlage dar, so ist das nach § 22 Abs. 1 S. 1 Nr. 1, 2 BImSchG zulässige Immissionsniveau maßgeblich. Ein Vorhaben, das sich nach dem Stand der Technik nicht vermeidbaren schädlichen Umwelteinwirkungen aussetzt, ist danach bauplanungsrechtlich erst unzulässig, wenn diese ein Mindestmaß überschreiten.
Wann ein Vorhaben im Sinne des § 35 Abs. 3 S. 1 Nr. 3 schädlichen Umwelteinwirkungen ausgesetzt wird, hängt als davon ab, ob die störende Anlage immissionsschutzrechtlich genehmigungsbedürftig ist oder nicht. Bei der Auslegung des § 35 Abs. 3 S. 1 Nr. 3 ist also zu differenzieren. Begibt sich ein nach § 35 zu beurteilendes Vorhaben in den Einwirkungsbereich mehrerer Emittenten, so gilt unter den einschlägigen Maßstäben derjenige, der die strengsten Anforderungen enthält. Befindet sich also unter den Anlagen, die zu der Gesamtbelastung am Einwirkungsort beitragen und nach Errichtung des Vorhabens mit Abwehransprüchen zu rechnen haben, auch nur eine, die immissionsschutzrechtlich genehmigungspflichtig ist, so ist § 35 Abs. 3 S. 1 Nr. 3 verletzt, wenn das Vorhaben entsprechend dem Schutzniveau des § 5 Abs. 1 Nr. 1 BImSchG konkret schädlichen Umwelteinwirkungen ausgesetzt wird.

§ 35 Abs. 3 S. 1 Nr. 3 stellt auch für den Fall, dass das zu genehmigende Vorhaben eine immissionsschutzrechtlich genehmigungsfreie Anlage ist, auf den zentralen Begriff der schädlichen Umwelteinwirkungen ab und nimmt somit auch einen von der Allgemeinheit abzugrenzenden Kreis der Nachbarschaft in Bezug. Da ein Verstoß gegen § 35 Abs. 3 S. 1 Nr. 3 unter den genannten

427 Siehe D II 2 b aa (2).

Voraussetzungen zur bauplanungsrechtlichen Unzulässigkeit eines solchen Vorhabens führt, muss der Nachbar dies auch geltend machen können. Die Norm wirkt damit auch in dieser Konstellation drittschützend und folgt so der Parallelvorschrift des § 22 Abs. 1 S. 1 Nr. 1, 2 BImSchG, die, soweit sie der Verhinderung oder Beschränkung konkreter schädlicher Umwelteinwirkungen dient, allgemein als nachbarschützend angesehen wird.[428]
Umgekehrt kann sich auch der latente Störer, der im Außenbereich eine immissionsschutzrechtlich nicht genehmigungspflichtige Anlage betreibt, zur Abwehr einer heranrückenden Bebauung auf die zweite Alternative des § 35 Abs. 3 S. 1 Nr. 3 stützen.[429]

cc) Begriff der Nachbarschaft

Eine schädliche Umwelteinwirkung setzt begrifflich voraus, dass die möglicherweise entstehenden negativen Effekte zu Lasten der Allgemeinheit oder der Nachbarschaft gehen. Auf die drittschützende Wirkung des § 35 Abs. 3 S. 1 Nr. 3 kann sich daher nur berufen, wer zu dem von der Allgemeinheit abzugrenzenden Kreis der Nachbarschaft gehört. Dabei ist fraglich, ob für § 35 Abs. 3 S. 1 Nr. 3 auch der immissionsschutzrechtliche Nachbarbegriff herangezogen werden kann.
Zur Nachbarschaft im Sinne des § 3 Abs. 1 BImSchG zählt, wer über eine besondere persönliche oder sachliche Bindung zu einem Ort im Einwirkungsbereich der Anlage verfügt.[430] Darunter fallen neben dem Eigentümer eines Grundstücks im Einwirkungsbereich und dem sonst daran dinglich Berechtigten auch die Mieter oder in sonstiger Weise obligatorisch an dem Grundstück Berechtigten.[431] Demgegenüber wird der bauplanungsrechtliche Nachbarbegriff in ständiger Rechtsprechung des BVerwG auf den jeweiligen Eigentümer des betroffenen Grundstücks bzw. den in eigentumsähnlicher Weise dinglich an dem Grundstück Berechtigten begrenzt. Der Inhaber einer nur obligatorischen Berechtigung kann einen Verstoß gegen bauplanungsrechtliche Vorschriften in der Umgebung nicht geltend machen.[432] Der Grund dafür liegt in der Grundstücksbezogenheit des Bauplanungsrechts. Es regelt die bauliche und sonstige Nutzung von Grundstücken. Die Grundstücke

---

428 Vgl. BVerwGE 74, 315, 327; Feldhaus, § 22, Anm. 10; Roßnagel, in: GK-BImSchG, § 22, Rn. 193 ff.; Hansmann, in: Landmann/Rohmer, § 22, Rn. 4; Graulich, 56.
429 Vgl. D II 2 b aa (3).
430 Jarass, BImSchG, § 3, Rn. 34; Graulich, 64 f.; Petersen, 58 f.
431 Graulich, 65 f.
432 BVerwGE 82, 61, 74 f.; BVerwG, DVBl. 1998, 899 f.

werden aber im Rechtsverkehr allein durch ihren zivilrechtlichen Eigentümer bzw. den eigentumsähnlich an dem Grundstück Berechtigten repräsentiert.[433]
Es wird argumentiert, der Mieter wäre, sofern er bauplanungsrechtlich gegen Dritte vorgehen könnte, in der Lage, auch gegen den Willen des Eigentümers in den Interessenausgleich der unmittelbar Berechtigten einzugreifen. Ferner wird ein Bedürfnis für die Ausweitung des bauplanungsrechtlichen Nachbarbegriffs mit dem Hinweis darauf verneint, der Mieter könne Gefährdungen von Leben und Gesundheit mit einer auf Art. 2 Abs. 2 GG gestützten Nachbarklage abwehren.[434]
Es fragt sich allerdings, ob nicht von diesem Grundsatz Ausnahmen zu machen sind, sofern das Bauplanungsrecht neben grundstücksbezogenen auch personenbezogene Regelungen enthält. Das ist seit der zunehmenden Einbeziehung des Umweltschutzes in das Baurecht insbesondere dort der Fall, wo das BauGB Gesundheit und körperliche Unversehrtheit vor Immissionen schützt.[435] Eine solche – zumindest auch – personenbezogene Schutznorm stellt § 35 Abs. 3 S. 1 Nr. 3 dar. Von daher vertreten Teile der Literatur die Ansicht, bei § 35 Abs. 3 S. 1 Nr. 3 den immissionsschutzrechtlichen Nachbarbegriff anzuwenden.[436] Denn das Bauplanungsrecht enthält zwar typischerweise, aber nicht ausschließlich grundstücksbezogene Regelungen.[437] Insofern ist die Prämisse des BVerwG, das Bebauungsrecht sei nicht personenbezogen, nicht in jedem Fall zutreffend. Das Argument des BVerwG, der Mieter solle nicht in die Lage versetzt werden, auf den Interessenausgleich der Grundeigentümer Einfluss nehmen zu können, ist schon mit dem Hinweis darauf zu entkräften, dass es dem obligatorisch Berechtigten über die immissionsschutzrechtlichen Schutzpflichten ohnehin möglich ist, gegen eine Anlage in der Nachbarschaft vorzugehen. Der Mieter kann insbesondere eine dem Nachbarn erteilte Baugenehmigung für eine immissionsschutzrechtlich genehmigungsfreie Anlage mit der Rüge anfechten, dass dem Vorhaben öffentlich-rechtliche Vorschriften,[438] nämlich § 22 Abs. 1 S. 1 Nr. 1, 2 BImSchG, entgegenstehen. Handelt es sich um eine immissionsschutzrechtlich genehmigungsbedürftige Anlage, so kann er sich auf den drittschützenden § 5 Abs. 1 Nr. 1 BImSchG stützen. Da dem obligatorisch Berechtigten die immissionsschutzrechtlichen Abwehrrechte ohnehin zustehen, spricht viel dafür, ihn auch hinsichtlich der

433 BVerwGE 82, 61, 74 f.
434 Vgl. BVerwGE 82, 61, 75.
435 Vgl. Brohm, Öffentliches Baurecht, 559 f.
436 Vgl. Graulich, 52 ff.; Hösch, GewArch 1999, 402, 405.
437 Graulich, 53.
438 Vgl. § 75 Abs. 1 S. 1 BauO NRW.

Parallelvorschrift des § 35 Abs. 3 S. 1 Nr. 3 als klagebefugt anzusehen. Wenn man zugrundelegt, dass zur Definition des Begriffs der schädlichen Umwelteinwirkungen in § 35 Abs. 3 S. 1 Nr. 3 nach allgemeiner Ansicht in Rechtsprechung und Literatur auf § 3 Abs. 1 BImSchG zurückzugreifen ist,[439] so ist es nur konsequent, auch den Kreis der drittschutzberechtigten Nachbarn entsprechend den immissionsschutzrechtlichen Vorgaben auszulegen.

3) Ergebnis

Nach der dargelegten Konzeption richtet sich die Auslegung des § 35 Abs. 3 S. 1 Nr. 3 nach den korrespondierenden immissions-schutzrechtlichen Betreiberpflichten. Bei der Anwendung der Norm ist deshalb danach zu differenzieren, ob es sich bei dem geplanten Vorhaben im Außenbereich um eine nach § 4 Abs. 1 BImSchG genehmigungsbedürftige Anlage handelt oder nicht.

Dementsprechend ist bei der Frage, ob sich ein Vorhaben schädlichen Umwelteinwirkungen aussetzt, auf den jeweiligen Anlagentyp der immissionsverursachenden Nutzung abzustellen.

Ist § 35 Abs. 3 S. 1 Nr. 3 danach objektiv-rechtlich verletzt, so wirkt er zugunsten der Nachbarschaft drittschützend. In diesem Zusammenhang ist der immissionsschutzrechtliche Nachbarbegriff heranzuziehen.

Die zweite Alternative des § 35 Abs. 3 S. 1 Nr. 3 verleiht unter den genannten Voraussetzungen dem latenten Störer ein subjektiv-öffentliches Recht zur Abwehr einer an seine Nutzung heranrückenden Bebauung.

Es kann daher bei der Auslegung und Anwendung des § 35 Abs. 3 S. 1 Nr. 3 auf das Gebot der Rücksichtnahme in dessen objektiv-rechtlicher wie in dessen subjektiv-rechtlicher Funktion verzichtet werden.

Zuletzt sei – angesichts der Parallelität des § 35 Abs. 3 S. 1 Nr. 3 mit den immissionsschutzrechtlichen Betreiberpflichten – die Frage nach der eigenständigen Bedeutung der Norm aufgeworfen.

Eine selbständige Funktion hat § 35 Abs. 3 S. 1 Nr. 3 aber bereits für einen Bauvorbescheid, in dem über die bauplanungsrechtliche Zulässigkeit eines Vorhabens im Außenbereich entschieden wird (sogenannte Bebauungsgenehmigung). Denn in diesem Zusammenhang finden die Schutzpflichten des BImSchG keine direkte Anwendung. Ferner ist von § 35 Abs. 3 S. 1 Nr. 3 auch der Fall erfasst, dass sich ein im Außenbereich geplantes Vorhaben schädlichen

---

439 Siehe D II 2 b.

Umwelteinwirkungen aussetzt. Diesen Aspekt regelt das BImSchG nicht. § 35 Abs. 3 S. 1 Nr. 3 kommt also trotz des Gleichlaufs mit den §§ 5 Abs. 1 Nr. 1, 22 Abs. 1 S. 1 Nr. 1, 2 BImSchG eine eigenständige Bedeutung für das Bauplanungsrecht zu.

III) § 31 Abs. 2 BauGB

1) Drittschutz aus § 31 Abs. 2 nach der Rechtsprechung des BVerwG

Im Falle einer dem Bauherrn von der Bauaufsichtsbehörde gewährten Befreiung von einer Festsetzung des Bebauungsplans (sog. Dispens) ist für den Drittschutz des Nachbarn entscheidend, ob von einer nachbarschützenden Festsetzung abgewichen wird oder nicht. Eine nachbarschützende Festsetzung des Bebauungsplans verleiht dem Nachbarn einen Anspruch darauf, dass von dieser nur unter Einhaltung der gesetzlichen Rechtmäßigkeitsvoraussetzungen abgewichen werden darf. Der Nachbar kann also gegenüber einer Befreiung jeden Fehler bei der Anwendung des § 31 Abs. 2 geltend machen.[440] Anspruchsgrundlage ist dann allerdings die drittschützende Festsetzung des Bebauungsplans.[441]
Die Befreiung von einer nicht nachbarschützenden Festsetzung des Bebauungsplans kann den Nachbarn demgegenüber nur in seinen Rechten verletzen, wenn § 31 Abs. 2 seinerseits drittschützenden Charakter hat.[442] Nach Ansicht des BVerwG kommt in § 31 Abs. 2 mit der angeordneten „*Würdigung nachbarlicher Interessen*" das bauplanungsrechtliche Gebot der Rücksichtnahme zum Ausdruck.[443] Das Gericht begründet seine Rechtsauffassung zum einen mit dem auf die nachbarlichen Interessen

440 BVerwG, BauR 1998, 1206, 1207; Dürr, in: Brügelmann, § 31, Rn. 68; Seidel, 224.
441 Fickert/Fieseler, Vorbem §§ 2-9, 12-14, Rn. 28.
442 BVerwG, DVBl. 1987, 476, 477; Seidel, 224.
443 BVerwG, DVBl. 1987, 476, 477 f.; BVerwGE 82, 343, 347; BVerwG, NVwZ 1996, 170 f.; BVerwG, BauR 1998, 1206, 1207.

verweisenden Wortlaut der Vorschrift. Vor allem aber stellt es auf die Zielrichtung der Norm ab, wonach eine für den Bauherrn günstige Befreiung von einer Festsetzung des Bebauungsplans nur gerechtfertigt ist, wenn zugleich die Interessen der auf die Festsetzung vertrauenden Nachbarschaft ausreichend gewürdigt werden.[444] Allerdings gewährt das BVerwG in ständiger Rechtsprechung Drittschutz nur nach Maßgabe der im Urteil vom 25.2.1977 aufgestellten Grundsätze, wenn und soweit in qualifizierter und zugleich individualisierter Weise auf schutzwürdige Interessen eines erkennbar abgegrenzten Kreises Dritter Rücksicht zu nehmen ist.[445]

2) Auslegung

Es fragt sich, worin die Besonderheit der Befeiung besteht und was sich daraus für den Nachbarschutz ergibt.

a) Planexternes Institut

Der Bebauungsplan wird in Ansehung der jeweiligen Sachlage für eine konkrete Grundstückssituation aufgestellt und ist daher gekennzeichnet durch eine weitgehende Ortsnähe und Konkretisierung.[446] Trotz des Gebots konkreter Planung kommt dem Bebauungsplan, der nach § 10 Abs. 1 von der Gemeinde als Satzung beschlossen wird, jedoch notwendigerweise eine gewisse Abstraktion und Verallgemeinerung zu.[447] Insbesondere kann er nicht für jedes Bauvorhaben in seinem Geltungsbereich die gültige Rechtslage bis ins Detail regeln.[448] Daher besteht in besonders gelagerten Fällen, in denen ein Festhalten an einer generalisierenden Festsetzung des Bebauungsplans nach deren Sinn und Zweck nicht erforderlich ist, die Möglichkeit der Gewährung einer Befreiung von der Festsetzung nach § 31 Abs. 2 durch die Bauaufsichtsbehörde.[449] Der Dispens kann bei Vorliegen eines der in § 31 Abs. 2 Nr. 1 bis 3 genannten Befreiungstatbestände erteilt werden, wenn die Grundzüge der Planung nicht

---

444 Vgl. BVerwG, DVBl. 1987, 476, 477.

445 Vgl. BVerwG, DVBl. 1985, 122, 123; BVerwG, DVBl. 1987, 476, 478; BVerwGE 83, 343, 347; BVerwG, BauR 1998, 1206, 1207; Fickert/Fieseler, Vorbem §§ 2-9, 12-14, Rn. 28.3; Hoppenberg, in: Hoppenberg/de Witt, H, Rn. 171; Seidel, 225.

446 BVerwGE 50, 114, 119 f.; Schmaltz, in: Schrödter, § 31, Rn. 18.

447 Schmaltz, in: Schrödter, § 31, Rn. 18.

448 Löhr, in: B/K/L, § 31, Rn. 1.

449 BVerwGE 40, 268, 271 f.; BVerwGE 56, 71, 74; Söfker, in: E/Z/B/K, § 31, Rn. 10; Schmaltz, in: Schrödter, § 31, Rn. 18; Wilke, FS Gelzer, 165, 169 ff.

berührt werden und die Abweichung auch unter Würdigung nachbarlicher Interessen mit den öffentlichen Belangen vereinbar ist.
Die Gemeinsamkeit der drei Befreiungsalternativen besteht dabei darin, dass sie sich jeweils auf Umstände stützen, die bei Erlass des Bebauungsplans nicht bzw. so nicht vorhersehbar waren oder die von der planenden Gemeinde bei der Abwägung nicht berücksichtigt werden mussten.[450] Denn in die Abwägung nach § 1 Abs. 7 sind nur die Belange einzubeziehen, die für die planende Gemeinde erkennbar sind, weil sie nach Lage der Dinge von der Planung betroffen werden.[451] Ferner sind die von den beteiligten Bürgern bzw. den Trägern öffentlicher Belange vorgebrachten Interessen und Anregungen beachtlich.[452] Jedoch sind bei der Zusammenstellung des Abwägungsmaterials solche Belange als nicht abwägungserheblich auszuscheiden, die objektiv geringwertig oder nicht schutzwürdig sind.[453] Es finden also solche Gesichtspunkte keinen Eingang in die Planung, die für die Gemeinde nicht erkennbar sind oder die nach den gegebenen Umständen unbeachtlich sind.
Die bei der Entscheidung über die Erteilung einer Befreiung im Einzelfall in den Vordergrund tretenden Umstände waren also nicht Inhalt von Erwägungen auf der Ebene der Bauleitplanung; sie haben somit in den Festsetzungen keinen Niederschlag gefunden und liegen daher außerhalb des planerischen Regelwerkes.[454] Darin unterscheidet sich der Dispens von der Ausnahme, die nach § 31 Abs. 1 als planimmanentes Institut in dem Bebauungsplan nach Art und Umfang ausdrücklich vorgesehen sein muss und somit Gegenstand der Abwägung war.[455]
Die anlässlich der Prüfung der Zulässigkeit eines Vorhabens im Geltungsbereich eines Bebauungsplans erstmalig in Erscheinung tretenden oder in ihrer Gewichtigkeit neu zu beurteilenden Gesichtspunkte stellen sich in den drei Befreiungsalternativen wie folgt dar:
Öffentliche Belange, die von der Bebauungsplanung berührt werden, hat die Gemeinde gemäß § 1 Abs. 5 bis 7 bereits bei der Aufstellung des Plans zu berücksichtigen. Ein Erfordernis für die nachträgliche Befreiung aus Gründen des Wohls der Allgemeinheit nach § 31 Abs. 2 Nr. 1 besteht daher nur, wenn

---

450 Löhr, in: B/K/L, § 31, Rn. 25; Söfker, in: E/Z/B/K, § 31, Rn. 10; Schmidt-Eichstaedt, DVBl. 1989, 1, 8.
451 BVerwG, DVBl. 1999, 101; Söfker, in: E/Z/B/K, § 1, Rn. 190.
452 Söfker, in: E/Z/B/K, § 1, Rn. 191.
453 Brohm, Öffentliches Baurecht, 272.
454 Schmidt-Eichstaedt, DVBl. 1989, 1.
455 Löhr, in: B/K/L, § 31, Rn. 24 f.; Schmidt-Eichstaedt, DVBl. 1989, 1.

öffentliche Interessen neu oder verstärkt hervortreten, die bei der planerischen Abwägung nicht oder nicht in diesem Umfang beachtlich waren.[456]

Im Falle des § 31 Abs. 2 Nr. 2 treten nachträglich Gesichtspunkte hinzu, die eine neue, städtebaulich vertretbare Lösung für die Bebauung eines Grundstücks enthalten und dabei zu einer Abweichung von der festgeschriebenen Planung führen.[457]

Stellt sich heraus, dass die Durchführung des Bebauungsplans bei einem Grundstück zu einer offenbar nicht beabsichtigten Härte führen würde, kommt eine Befreiung nach § 31 Abs. 2 Nr. 3 in Betracht. Da die abwägungserheblichen privaten Belange bereits bei der Aufstellung des Plans zu berücksichtigen waren, können hier nur solche grundstücksbezogenen Besonderheiten erfasst werden, die nicht bereits Gegenstand der Abwägung waren, weil sie entweder von der Gemeinde nicht erkannt werden konnten bzw. von den Betroffenen nicht geltend gemacht wurden oder erst später entstanden sind.[458]

Es ergibt sich also aus den Befreiungstatbeständen des § 31 Abs. 2 Nr. 1 bis 3 übereinstimmend, dass ein Dispens nur auf solche Belange gestützt werden kann, die der Bebauungsplan noch nicht erfassen konnte bzw. zulässigerweise nicht berücksichtigen musste.[459] Daher ist auch die Befreiung als solche für die planende Gemeinde nicht vorhersehbar und stellt insofern ein planexternes Institut dar.[460]

b) Würdigung nachbarlicher Interessen

Grundsätzlich ist es nach § 1 Abs. 5 bis 7 Aufgabe der Bauleitplanung, auf die nach den jeweiligen Umständen zu beachtenden nachbarlichen Interessen Rücksicht zu nehmen. Vorgefundene oder erst durch die Planung hervorgerufene nachbarliche Konflikte sind auszugleichen und so einer planerischen Lösung zuzuführen.[461]

Wenn es aber – wie soeben festgestellt – Wesensmerkmal der Befreiung ist, dass sie von der Gemeinde nicht vorausgesehen werden kann, weil die

---

456 BVerwGE 56, 71, 74; Söfker, in: E/Z/B/K, § 31, Rn. 15; Schmaltz, in: Schrödter, § 31, Rn. 24; Schmidt-Eichstaedt, DVBl. 1989, 1, 6 ff.

457 Schmidt-Eichstaedt, DVBl. 1989, 1, 6 ff.

458 Söfker, in: E/Z/B/K, § 31, Rn. 15; Schmaltz, in: Schrödter, § 31, Rn. 28; Schmidt-Eichstaedt, DVBl. 1989, 1, 6 ff.

459 Söfker, in: E/Z/B/K, § 31, Rn. 15.

460 Löhr, in: B/K/L, § 31, Rn. 24.

461 BVerwGE 67, 334, 338; Söfker, in: E/Z/B/K, § 31, Rn. 59; Reidt, in: G/B/R, Rn. 797.

Befeiungsgründe erst offenbar werden, nachdem der Plan erlassen wurde, so kann bei der Bauleitplanung auch nicht berücksichtigt werden, ob nachbarliche Interessen von einer möglichen Befreiung berührt werden. Interessen des Bauherrn an der Erteilung einer Befreiung können also auch nicht gegen die widerstreitenden nachbarlichen Interessen an der Einhaltung der Festsetzung planerisch abgewogen werden.
Erst wenn später auf der Grundlage eines Bauantrags feststeht, von welchen Festsetzungen des Bebauungsplans das Vorhaben in welchem Umfang abweicht, können die davon jeweils betroffen Belange der Nachbarn beurteilt werden. Die infolge der Abweichung des Vorhabens von den planerischen Festsetzungen erstmals konkret in Erscheinung tretenden Belange der Nachbarn wären daher schutzlos gestellt, wenn sie nicht im Genehmigungsverfahren bei der Entscheidung über die Erteilung einer Befreiung von der Genehmigungsbehörde beachtet würden. Folgerichtig verlangt § 31 Abs. 2 bei der Entscheidung über die Erteilung einer Befreiung eine Würdigung nachbarlicher Interessen. Das gilt auch im Falle einer Befreiung von nicht nachbarschützenden Festsetzungen, denn durch die Abweichung vom Bebauungsplan wird nicht nur die jeweilige Festsetzung übergangen, sondern an die Stelle der planerisch abgewogenen eine konkrete andere bebauungsrechtliche Ordnung gesetzt.[462] In diese müssen dann auch die betroffenen nachbarlichen Interessen einbezogen werden und insoweit ein anderer Interessenausgleich vorgenommen werden.[463] Der Interessenausgleich ist also zwischen den Interessen des Bauherrn an der Erteilung einer Befreiung, wie sie in den Befreiungstatbeständen des § 31 Abs. 2 Nr. 1 bis 3 zum Ausdruck kommen, und den damit kollidierenden Verschonungsinteressen des Nachbarn vorzunehmen. Dieser Ausgleich der wechselbezüglichen Interessen ist die Grundlage für den drittschützenden Charakter der Regelung.[464] Die Vorschrift ist daher – auch nach Auffassung des BVerwG – unter anderem dem Schutz der individuellen Interessen der Nachbarn zu dienen bestimmt.[465]

Es fragt sich, in welcher Weise der danach notwendige Interessenausgleich zu erfolgen hat.

---

462 Vgl. BVerwG, DVBl. 1987, 476, 477.

463 Schmaltz, in: Schrödter, § 31, Rn. 22; Mampel, Nachbarschutz, 196 f.

464 Schmidt-Preuß, Privatinteressen, 267.

465 BVerwG, DVBl. 1987, 476, 477; BVerwGE 82, 343, 347; Mampel, Nachbarschutz, 196 f.

Das BVerwG[466] und ihm folgend die überwiegende Literatur greifen bei der angeordneten Würdigung nachbarlicher Interessen auf die zur objektiv-rechtlichen Seite des Rücksichtnahmegebots[467] entwickelten Grundsätze zurück. Erforderlich ist danach eine Würdigung einerseits der Interessen des Bauherrn an der Erteilung der Befreiung und andererseits der Interessen des betroffenen Nachbarn an einer Verhinderung von Beeinträchtigungen oder Nachteilen durch eine Befreiung. Dabei kann der Nachbar – entsprechend den Grundsätzen des objektiv-rechtlichen Rücksichtnahmegebots – um so mehr an Rücksichtnahme verlangen, je empfindlicher seine Stellung durch eine an die Stelle der im Bebauungsplan festgesetzten Nutzung tretende andersartige Nutzung berührt werden kann. Umgekehrt braucht der Bauherr um so weniger Rücksicht zu nehmen, je verständlicher und unabweisbarer die von ihm verfolgten Interessen sind. Ausschlaggebend ist, ob die Abwägung der jeweiligen Umstände des Einzelfalls ergibt, dass die durch die Befreiung eintretenden Nachteile dem Nachbarn noch zumutbar sind.[468]
Die Notwendigkeit einer im Genehmigungsverfahren erfolgenden Gegenüberstellung der für eine Befeiung anzuführenden öffentlichen und privaten Belange mit den Interessen des betroffenen Nachbarn an der Einhaltung der Festsetzungen des Bebauungsplans wurde soeben dargelegt. Gegen die vom BVerwG vorgenommene Abwägung ist daher nichts einzuwenden.
Bis hierhin besteht auch weitgehend Einigkeit in Rechtsprechung und Literatur.

aa) Abwägung

Allerdings bestehen Unklarheiten über die Art und Weise der Handhabung der nach allgemeiner Ansicht von der Baugenehmigungsbehörde vorzunehmenden Abwägung. Daher sei zunächst der Begriff der Abwägung definiert:
Unter einer Abwägung wird allgemein ein Verfahren der Entscheidungsfindung verstanden, bei dem kollidierende Belange zueinander bewertend in Beziehung gesetzt und aufgrund dessen im Ergebnis einige von ihnen vorgezogen und dementsprechend andere zurückgestellt werden.[469] Dabei ist jedoch zu differenzieren zwischen den mehr oder weniger frei gestaltenden

466 Siehe D III 1.
467 Siehe A 1.
468 BVerwG, DVBl. 1987, 476, 478; BVerwGE 82, 343, 347 f.; Dürr, in: Brügelmann, § 31, Rn. 50; Söfker, in: E/Z/B/K, § 31, Rn. 60; Hoppenberg, in: Hoppenberg/de Witt, H, Rn. 172; Schmaltz, in: Schrödter, § 31, Rn. 22.
469 Weyreuther, DÖV 1977, 419.

Entscheidungen und jenen nachvollziehenden Entscheidungen, die keine eigene Abwägung, sondern das Auffinden einer vorgegebenen Abwägung beinhalten.[470] Es fragt sich, welcher Art die bei § 31 Abs. 2 im Rahmen des objektiv-rechtlichen Gebots der Rücksichtnahme vorzunehmende Abwägung ist:

Nach Ansicht des VGH Kassel steht dem Nachbarn aus dem in § 31 Abs. 2 enthaltenen Rücksichtnahmegebot ein Abwehrrecht gegen eine dem Bauherrn erteilte Befreiung von einer nicht nachbarschützenden Festsetzung zu, wenn der durch die Abweichung vom Bebauungsplan nachteilig betroffene nachbarliche Belang im Rahmen der Bauleitplanung beachtlich ist und der Belang von solchem Gewicht ist, dass er sich bei gerechter Abwägung bei einer Überplanung des Gebiets, unter Berücksichtigung auch der Interessen anderer Nachbarn und der Allgemeinheit, gegen die Interessen des Bauherrn durchsetzen muss.[471] Bei der Entscheidung über die Erteilung einer Befreiung ist nach Auffassung des VGH Kassel *„nicht nur die Kontrollüberlegung anzustellen, ob der nachbarliche Belang sich bei einer planerischen Abwägung in einem gedachten Bauleitplanverfahren gegen andere Belange, insbesondere die des Bauwerbers eindeutig durchsetzen müsste."* Vielmehr sei *„eine von der Baugenehmigungsbehörde selbst anzustellende Abwägung möglicherweise widerstreitender Belange"* vorzunehmen.[472]
Die dargestellte Auffassung hätte zur Folge, dass die Genehmigungsbehörde bei der Einzelfallentscheidung die nach Lage der Dinge zu beachtenden Belange zusammenstellen, sie nach der ihnen in der Situation zukommenden Bedeutung gewichten müsste und dementsprechend unter den betroffenen Belangen einen gerechten Ausgleich in der Weise vornehmen müsste, dass einzelne Belange bevorzugt und andere zurückgestellt würden. Dieser Vorgang wäre der klassische Fall einer planerischen Abwägung nach § 1 Abs. 7.
Dafür, dass der VGH Kassel genau darauf abzielt, spricht auch der Umstand, dass neben den Belangen des Bauinteressenten und denen des konkret betroffenen Nachbarn *„auch Interessen anderer Nachbarn und der Allgemeinheit"* zu berücksichtigen sein sollen.[473] Denn dieser komplexe

470 Weyreuther, BauR 1977, 293, 297.
471 VGH Kassel, BRS 49 (1989), 437, 440; VGH Kassel, BauR 2000, 1845, 1847; dem folgend Hoppenberg, in: Hoppenberg/de Witt, H, Rn. 172; Brohm, AöR 113 (1988), 660, 662, bezeichnet die Entscheidung nach § 31 Abs. 2 als eine „der planungsrechtlichen Abwägung nahekommende Ermessenserwägung."
472 VGH Kassel, BRS 49 (1989), 437, 440 f.; VGH Kassel, BauR 2000, 1845, 1847.
473 Vgl. VGH Kassel, BauR 2000, 1845, 1847.

Ausgleich einer Vielzahl unterschiedlicher privater und öffentlicher Belange ist das Wesensmerkmal der bauleitplanerischen Abwägung.[474]

Insbesondere bezeichnet der VGH Kassel die Entscheidungsfindung im Rahmen des § 31 Abs. 2 als *„eine von der Bauaufsichtsbehörde selbst anzustellende Abwägung"*, die über eine bloße Kontrollüberlegung, *„ob der nachbarliche Belang sich bei einer planerischen Abwägung in einem gedachten Bauleitplanverfahren ... durchsetzen müsste,"* hinausginge.[475]

Es ist demnach von dem VGH Kassel eine gestaltende Abwägung intendiert, die zum Ergebnis hätte, dass entsprechend dem den einzelnen Belangen von der Genehmigungsbehörde zuerkannten Gewicht eine Befreiung erteilt würde oder nicht. Die Behörde würde in einem Punkt, der bei Aufstellung des Bebauungsplans nicht Gegenstand der Abwägung war, die fehlende gemeindliche Entscheidung durch eine eigene planerische Abwägung ersetzen. Eine solche Entscheidungsfindung würde eine Kompensation bzw. Saldierung einzelner betroffener Belange bedeuten, die der Genehmigungsbehörde bei einer Entscheidung gemäß § 31 Abs. 2 nach überwiegender Auffassung nicht gestattet ist.[476]

Die umfassende Abwägung, wie sie der VGH Kassel für zulässig hält, könnte nur in einem von der Gemeinde durchzuführenden Planänderungs- oder Planergänzungsverfahren erfolgen, in dem die Bürger sowie die Träger öffentlicher Belange zu beteiligen wären, nicht aber in einem von der Genehmigungsbehörde durch Verwaltungsakt zu entscheidenden Verwaltungsverfahren über die Zulässigkeit eines Einzelbauvorhabens.[477]

Letzteres würde wohl auch einen Eingriff in die der Selbstverwaltungsgarantie unterfallende Planungshoheit der Gemeinde darstellen.

Zum Umfang der gerichtlichen Kontrolle führt der VGH Kassel weiter aus, der Nachbar habe bei der Entscheidung nach § 31 Abs. 2 einen Anspruch auf sachgerechte Ermessensausübung durch die Behörde. In diesem Recht könne er nur aus Gründen verletzt sein, *„die einem Abwägungsfehler bei der Bauleitplanung entsprechen, so dass es gegebenenfalls an der ausreichenden Beachtung, der zutreffenden Bewertung der Belange oder einem gerechten Ausgleich mit anderen Belangen ... fehlt."*[478]

---

474 Vgl. Reidt, in: G/B/R, Rn. 677.

475 Vgl. VGH Kassel, BRS 49 (1989), 437, 440 f.; VGH Kassel, BauR 2000, 1845, 1847.

476 Vgl. BVerwGE 56, 71, 77 f.; Löhr, in: B/K/L, § 31, Rn. 39; Dürr, in: Brügelmann, § 31, Rn. 54; Söfker, in: E/Z/B/K, § 31, Rn. 60; Schmaltz, in: Schrödter, § 31, Rn. 21; Hoffmann, BauR 1999, 445, 452.

477 Vgl. Krautzberger, in: E/Z/B/K, § 13, Rn. 2; Hoffmann, BauR 1999, 445, 452.

478 VGH Kassel, BRS 49 (1989), 437, 441; VGH Kassel, BauR 2000, 1845, 1847.

Das hätte zur Folge, dass die behördliche Entscheidung gerichtlich nur eingeschränkt überprüfbar wäre. Denn ein Abwägungsfehler bei der Bauleitplanung liegt nur vor, wenn sich die Gemeinde mit den betroffenen Belangen nicht hinreichend auseinandergesetzt hat oder sie zu einem unvertretbaren Planungsergebnis gekommen ist.[479] Zwar ist die Zusammenstellung des Abwägungsmaterials auf ihre Vollständigkeit gerichtlich in vollem Umfang nachprüfbar.[480] Hingegen unterliegen die Gewichtung der abwägungserheblichen privaten und öffentlichen Belange und deren Ausgleich gegeneinander und untereinander (sog. Abwägung im engeren Sinne) der planerischen Gestaltungsfreiheit und werden gerichtlich nur auf die Vertretbarkeit der angestellten Erwägungen kontrolliert. Sofern nicht die Bedeutung der betroffenen Belange verkannt wird oder der vorgenommene Ausgleich zu deren objektiver Gewichtigkeit außer Verhältnis steht, ist die Abwägung rechtmäßig, auch wenn sie anders hätte ausfallen können.[481] Die planerische Gestaltungsfreiheit besteht gerade darin, dass sich die Gemeinde innerhalb dieses Rahmens für die Bevorzugung des einen und die Zurücksetzung eines anderen Belangs entscheiden kann.[482]
Eine solche Gestaltungsfreiheit steht der Baugenehmigungsbehörde bei der Abwägung im Rahmen des Rücksichtnahmegebots aber gerade nicht zu.[483] Daran ändert auch der Umstand, dass die Erteilung einer Befreiung gemäß § 31 Abs. 2 („*kann*") nach überwiegender Ansicht[484] im Ermessen der Behörde steht, nichts. Denn die für die Erteilung einer Befreiung erforderliche Würdigung nachbarlicher Interessen zählt zu den Tatbestandsvoraussetzungen des § 31 Abs. 2.[485] Die Tatbestandsvoraussetzungen der Norm sind aber als unbestimmte Rechtsbegriffe gerichtlich in vollem Umfang überprüfbar.[486] Eine Rechtskontrolle nur auf Abwägungsfehler hin, wie sie bei Planungsentscheidungen erfolgt, ist bei einer Zulassung eines Bauvorhabens im Wege der Befreiung nicht möglich.

Bei dem Prozess der Entscheidungsfindung im Rahmen der Würdigung nachbarlicher Interessen in § 31 Abs. 2 handelt es sich folglich – entgegen der Auffassung des VGH Kassel – um ein nachvollziehendes Abwägen. Die

---

479 Reidt, in: G/B/R, Rn. 610.
480 Reidt, in: G/B/R, Rn. 616, 624 ff.
481 BVerwGE 34, 301, 309; Reidt, in: G/B/R, Rn. 611 ff., 619 ff., 676 ff.
482 BVerwGE 34, 301, 309.
483 BVerwGE 56, 71, 78; Söfker, in: E/Z/B/K, § 31, Rn. 60.
484 Vgl. Dürr, in: Brügelmann, § 31, Rn. 55; Schmaltz, in: Schrödter, § 31, Rn. 32.
485 Schmaltz, in: Schrödter, § 31, Rn. 33.
486 Dürr, in: Brügelmann, § 31, Rn. 60.

Genehmigungsbehörde hat die gegenläufigen Interessen des Bauherrn und die des Nachbarn zueinander in Beziehung zu setzen und dabei das ihnen jeweils zukommende Gewicht zu ermitteln. Bei diesem Gewichtsvergleich kommt ihr aber kein eigener Gestaltungsspielraum zu, sondern sie ist an eine vorgegebene Abwägungsentscheidung gebunden, die es für den Einzelfall nachzuvollziehen gilt.

Die Kriterien, an denen sich die nachvollziehende Abwägung zu orientieren hat, müssen sich in erster Linie aus dem Bebauungsplan und der dahinterstehenden Planungskonzeption der Gemeinde ergeben. Maßgeblich sind – neben den Zielen und Zwecken der jeweiligen Planung – das in den Festsetzungen zum Ausdruck kommende Ergebnis der Abwägung der berührten öffentlichen und privaten Belange und der darin getroffene Interessenausgleich. Diese Wertungen hat die Baugenehmigungsbehörde aufzufinden und für den zu entscheidenden Einzelfall zu konkretisieren.

Dieser Aspekt – die Maßgeblichkeit des in dem Bebauungsplan geregelten Interessengeflechts – findet auch eine gesetzliche Stütze darin, dass nach § 31 Abs. 2 durch die Befreiung die Grundzüge der Planung nicht berührt werden dürfen.

Unter diesem Gesichtspunkt ist auch die vom BVerwG und weiten Teilen der Literatur vertretene Auffassung verständlich, wonach bei der Gewichtung der widerstreitenden Interessen dem Nachbarinteresse an der Einhaltung der Festsetzungen ein gewisser Vorrang einzuräumen ist, da der Nachbar sich auf die im Bebauungsplan getroffene Regelung stützen kann.[487] Stehen sich die Interessen des Bauherrn an der Erteilung einer Befreiung und die des Nachbarn an der Verhinderung von Beeinträchtigungen durch eine Befreiung annähernd gleichgewichtig gegenüber, so ist der Dispens zu versagen.[488] Erst wenn die für eine Befreiung anzuführenden Belange deutlich schwerer wiegen, können sich diese auch durchsetzen.[489]

Dahinter steht der Gedanke, dass sich die Baugenehmigungsbehörde bei der Abwägung der gegenläufigen Interessen an den normativen Vorgaben und somit den Wertungen des Bebauungsplans zu orientieren hat.

Im Rahmen der von der Genehmigungsbehörde vorzunehmenden Abwägung ist ferner darauf zu achten, dass die negativen Auswirkungen des zu errichtenden Vorhabens auf das Nachbargrundstück nur insoweit in Rechnung gestellt werden, als das Vorhaben über die nach dem Bebauungsplan vorgesehene

487 Vgl. BVerwGE 82, 343, 348; Mampel, Nachbarschutz, 198.
488 Dürr, in: Brügelmann, § 31, Rn. 50; Söfker, in: E/Z/B/K, § 31, Rn. 60.
489 Söfker, in: E/Z/B/K, § 31, Rn. 50; Mampel, Nachbarschutz, 198.

Grundstücksnutzung hinausgeht. Denn bei der Beurteilung, wie empfindlich der Nachbar durch die Planabweichung berührt werden kann, ist zu berücksichtigen, inwieweit er schon bei Einhaltung der Festsetzungen tatsächlich beeinträchtigt wird.[490]

bb) Qualifizierende und individualisierende Umstände?

Oben war bereits festgestellt worden, dass in die Entscheidung über die Erteilung einer Befreiung auch nachbarliche Interessen mit einzubeziehen sind und der Vorschrift somit drittschützender Charakter zukommt. Das ist im Grundsatz auch in der Rechtsprechung des BVerwG anerkannt.[491]
Führt aber die in diesem Rahmen vorzunehmende Abwägung der gegenläufigen Belange des Bauinteressenten und des Nachbarn zu dem Ergebnis, dass die durch die Befreiung eintretenden Nachteile dem Nachbarn nicht zumutbar sind, so muss ihm gegen eine dennoch erteilte Befreiung auch ein Abwehrrecht zustehen. Denn die Folge des von der Genehmigungsbehörde vorzunehmenden Interessenausgleichs kann nicht darin bestehen, dass ein Beteiligter unzumutbare Beeinträchtigungen hinzunehmen hat.
Es sind keine Gründe dafür ersichtlich, hier weitergehende Anforderungen an eine subjektive Berechtigung des Nachbarn zu stellen.[492] Die nach dem BVerwG für einen nachbarlichen Abwehranspruch aus § 31 Abs. 2 zusätzlich zu prüfenden Kriterien der Qualifizierung und Individualisierung[493] müssen daher unberücksichtigt bleiben.

3) Ergebnis

Bei der Befreiung von einer Festsetzung des Bebauungsplans müssen, auch wenn die Festsetzung selber nicht drittschützend ist, die von der Abweichung nachteilig betroffenen Belange des Nachbarn Berücksichtigung finden. Dabei ist entsprechend der in § 31 Abs. 2 angeordneten Würdigung nachbarlicher Interessen ein Interessenausgleich zwischen den Belangen des Bauherrn und denen des Nachbarn vorzunehmen.
Das BVerwG sieht dieses Tatbestandsmerkmal des § 31 Abs. 2 als eine gesetzliche Ausprägung des bauplanungsrechtlichen Gebots der

490 Mampel, Nachbarschutz, 198.
491 Vgl. BVerwG, DVBl. 1987, 476, 477.
492 Siehe dazu auch B III 1 b.
493 Siehe D III 1.

Rücksichtnahme an. Es richtet die Interessenabwägung deshalb an den zur objektiv-rechtlichen Seite des Rücksichtnahmegebots entwickelten Grundsätzen aus. Dagegen ist nichts einzuwenden, da auch nach der hier vertretenen Auffassung eine solche Abwägung der widerstreitenden Interessen zu erfolgen hat. Im Rahmen dieser Abwägung ist jedoch darauf zu achten, dass es sich hier um eine nachvollziehende Abwägung handelt und der Baugenehmigungsbehörde kein eigener Gestaltungsspielraum zukommt.

Allerdings wird hier die Auffassung vertreten, dass § 31 Abs. 2 mit der vorgeschriebenen Würdigung nachbarlicher Interessen hinsichtlich dieses Tatbestandsmerkmals eine generell nachbarschützende Wirkung zukommt. Kommt also die Interessenabwägung zu dem Ergebnis, dass eine Befreiung dem Nachbarn nicht zuzumuten ist, so muss er sich darauf auch berufen können. Es kann nicht verlangt werden, dass darüber hinaus die nach der subjektiv-rechtlichen Seite des Rücksichtnahmegebots erforderlichen Kriterien der Qualifizierung und Individualisierung erfüllt sind. In dieser Hinsicht kann dem BVerwG[494] nicht gefolgt werden.

494 Siehe D III 1.

IV) § 15 Abs. 1 BauNVO

1) Drittschutz aus § 15 Abs. 1 BauNVO nach der Rechtsprechung des BVerwG

Nach § 15 Abs. 1 BauNVO ist eine bauliche oder sonstige Anlage im Bebauungsplanbereich, die nach der Art der baulichen Nutzung gemäß den §§ 2 bis 14 BauNVO allgemein zulässig wäre oder jedenfalls im Wege einer Ausnahme zugelassen werden könnte, aufgrund der besonderen Verhältnisse des Bauvorhabens im Einzelfall unzulässig.[495] Die Vorschrift ergänzt die im Bebauungsplan getroffenen Festsetzungen und führt ihnen gegen-über zu einer Einschränkung der Zulässigkeit des Vorhabens.[496] Sie beschränkt sich bei der Zulässigkeitsprüfung auf die Art der baulichen Nutzung.[497]

Das BVerwG sieht § 15 Abs. 1 BauNVO als eine Ausprägung des bauplanungsrechtlichen Gebots der Rücksichtnahme an, dem es in Ausnahmefällen drittschützende Wirkung zuerkennt.[498] Das Gericht begnügt sich deshalb auch hier mit der Feststellung, dass der Gedanke der Rücksichtnahme auf nachbarliche Belange in § 15 Abs. 1 BauNVO einen objektiv-rechtlichen Niederschlag gefunden habe und verweist hinsichtlich der Modalitäten des Drittschutzes auf die im Urteil vom 25.2.1977 aufgestellten Grundsätze:

„*Stellt sich § 15 Abs. 1 BauNVO (auch) als eine – zunächst objektiv-rechtliche – Ausprägung des Rücksichtnahmegebotes dar, so müssen auch insoweit die Regeln gelten, die der Senat für den in besonderen Fällen anzuerkennenden Drittschutz des Rücksichtnahmegebotes aufgestellt hat.*“[499]

Diese besonderen Voraussetzungen für eine nachbarschützende Wirkung liegen nach ständiger Rechtsprechung nur vor, wenn eine besondere Rechtsposition des Betroffenen anzuerkennen ist oder die tatsächlichen Umstände handgreiflich ergeben, auf wen Rücksicht zu nehmen ist.[500]

---

495 Vgl. BVerwGE 67, 334, 338; BVerwGE 82, 343, 345; Fickert/Fieseler, § 15, Rn. 3; Roeser, in: K/R/S, § 15, Rn. 1.

496 BVerwGE 82, 343, 345; BVerwG, NVwZ-RR 1996, 187, 188; Reidt, in: G/B/R, Rn. 1313.

497 BVerwG, DVBl. 1995, 754; Meiners/Kronsbein, in: Hoppenberg/de Witt, A II, Rn. 365; Jäde, in: J/D/W, § 15, Rn. 1; Roeser, in: K/R/S, § 15, Rn. 8.

498 BVerwGE 67, 334, 338 f.; BVerwG, DVBl. 1985, 122.

499 BVerwGE 67, 334, 339; Hervorhebung diesseits.

500 BVerwGE 67, 334, 339; BVerwGE 82, 343, 347; siehe auch A 2.

Im Einzelnen sieht das BVerwG § 15 Abs. 1 S. 1 BauNVO, wonach ein Vorhaben im Einzelfall unzulässig ist, wenn es nach Anzahl, Lage, Umfang oder Zweckbestimmung der Eigenart des Baugebiets widerspricht, als eine gesetzliche Normierung des Rücksichtnahmegebots an.[501] Gleiches gilt für § 15 Abs. 1 S. 2 BauNVO, demzufolge eine Anlage im Planbereich unzulässig ist, von der Belästigungen oder Störungen ausgehen können, die nach der Eigenart des Baugebiets im Baugebiet selbst unzumutbar sind, oder die solchen Belästigungen oder Störungen ausgesetzt wird.[502] § 15 Abs. 1 S. 2 BauNVO wird auch insoweit, als er ein Bauvorhaben im Plangebiet für unzulässig erklärt, wenn es Belästigungen oder Störungen hervorruft, die in der Umgebung des Baugebiets unzumutbar sind, als Konkretisierung des Rücksichtnahmegebots angesehen.[503]
§ 15 Abs. 1 BauNVO enthält also nach der Rechtsprechung des BVerwG in allen Tatbestandsalternativen das Gebot der Rücksichtnahme.

Neuerdings entnimmt das BVerwG, wie bereits oben angedeutet,[504] § 15 Abs. 1 S. 1 BauNVO neben dem Gebot der Rücksichtnahme auch einen Anspruch auf Aufrechterhaltung der typischen Prägung eines Baugebiets, ohne dessen Ableitung genauer zu begründen.[505] Im Folgenden soll daher auf die dogmatischen Grundlagen eines solchen Anspruchs eingegangen werden.

2) Auslegung

a) § 15 Abs. 1 S. 1 BauNVO

In seinem Beschluss vom 13.5.2002 anerkennt das BVerwG einen sich aus § 15 Abs. 1 S. 1 BauNVO ergebenden nachbarlichen Anspruch auf Aufrechterhaltung der typischen Prägung eines Baugebiets.[506] Es geht jedoch nicht näher auf Umfang und Reichweite dieses Anspruchs ein, da er für die Entscheidung letztlich nicht relevant ist.
Nach dem Wortlaut der Vorschrift ist ein Vorhaben, das in einem bestimmten Baugebiet seiner Art nach grundsätzlich zulässig ist, im Einzelfall dennoch

---

501 BVerwG, NVwZ-RR 1996, 187, 188.
502 BVerwG, BauR 1988, 448, 450; BVerwG, NVwZ 1996, 379, 380; BVerwG, NVwZ 1999, 298; BVerwG, NVwZ 2000, 1050, 1051.
503 BVerwG, BauR 1986, 414, 416; BVerwG, BauR 1988, 448, 450.
504 Siehe B III 1 d.
505 Vgl. BVerwG, NVwZ 2002, 1384 f.
506 BVerwG, NVwZ 2002, 1384 f.; Nickel, IBR 2002, 639; Stüer, DVBl. 2004, 83, 86.

unzulässig, wenn es der Eigenart des Baugebiets widerspricht.[507] Damit dient § 15 Abs. 1 S. 1 BauNVO dem Schutz des jeweiligen Charakters eines Baugebiets, der Bewahrung der besonderen Gebietsstruktur.[508]
Wenn aber die Planbetroffenen in einem Baugebiet nach der inzwischen durchgängigen Rechtsprechung des BVerwG aus der jeweiligen Baugebietsfestsetzung einen Anspruch auf Bewahrung der Gebietsart haben und damit das Eindringen einer gebietsfremden Nutzung verhindern können,[509] so ist es nur konsequent, dem § 15 Abs. 1 S. 1 BauNVO, der ebenfalls der Gebietserhaltung dient,[510] auch eine solche Anspruchsrichtung zuzuerkennen.
Zwar handelt es sich bei § 15 Abs. 1 BauNVO gemäß § 1 Abs. 3 S. 2 BauNVO nicht um eine Vorschrift, die Bestandteil des Bebauungsplans werden kann. Die Norm wird somit im Gegensatz zu den §§ 2 bis 14 BauNVO auch nicht Inhalt von Festsetzungen im Bebauungsplan.[511] Aber mit der Festsetzung eines Baugebiets wird § 15 Abs. 1 BauNVO unmittelbar und zwingend anwendbares Recht.[512] Die Norm enthält Bedingungen für die Zulässigkeit baulicher und sonstiger Anlagen im Einzelfall und ergänzt so die Baugebietsvorschriften der §§ 2 bis 14 BauNVO bzw. die diesbezüglichen Festsetzungen im Bebauungsplan.[513] Dabei wirkt § 15 Abs. 1 BauNVO gegenüber den Baugebietsfestsetzungen als eine Einschränkung der Zulässigkeit eines Vorhabens im Einzelfall.[514]

Folgerichtig bezieht sich das BVerwG[515] in dem Beschluss vom 13.5.2002 hinsichtlich des sich aus § 15 Abs. 1 S. 1 BauNVO ergebenden Anspruchs auf Aufrechterhaltung der typischen Baugebietsprägung auch auf sein Urteil vom 16.9.1993. Darin hatte es dargelegt, dass der Festsetzung von Baugebieten durch Bebauungsplan kraft Bundesrechts grundsätzlich nachbar-schützende Funktion

---

507 Vgl. BVerwG, DVBl. 1995, 754, 755.

508 BVerwG, BRS 52 (1991), 148, 149; BVerwG, DVBl. 1995, 754, 755; Bielenberg, in: E/Z/B/K, § 15 BauNVO, Rn. 6, 13; Fickert/Fieseler, § 15, Rn. 4, 6, 9.1.

509 Vgl. BVerwG, DVBl. 1994, 284 ff.; BVerwG, BauR 2000, 1019 f.; Mampel, BauR 2003, 1824.

510 Vgl. BVerwG, NVwZ 1993, 987, 988.

511 Fickert/Fieseler, § 15, Rn. 3.11; Meiners/Kronsbein, in: Hoppenberg/de Witt, A II, Rn. 371.

512 Fickert/Fieseler, § 15, Rn. 3 f.; Meiners/Kronsbein, in: Hoppenberg/de Witt, A II, Rn. 368; Roeser, in: K/R/S, § 15, Rn. 6.

513 BVerwG, DVBl. 1989, 661 f.; BVerwG, DVBl. 1995, 754, 755; Bielenberg, in: E/Z/B/K, § 15 BauNVO, Rn. 17; Fickert/Fieseler, § 15, Rn. 3.11.

514 BVerwGE 82, 343, 345; BVerwG, NVwZ-RR 1996, 187, 188; Fickert/Fieseler, § 15, Rn. 6.

515 BVerwG, NVwZ 2002, 1384 f.

zugunsten der Eigentümer von im Plangebiet gelegenen Grundstücken zukomme.[516]

Es fragt sich, welche Erkenntnisse für Umfang und Reichweite des hier in Rede stehenden Anspruchs aus § 15 Abs. 1 S. 1 BauNVO aus der Anknüpfung an die sich aus den Baugebietsfestsetzungen ergebenden Ansprüche gewonnen werden können. Dazu ist zunächst zu klären, welche Ansprüche die Baugebietsfestsetzungen vermitteln können.

Aus den Festsetzungen eines Bebauungsplans über die Art der baulichen Nutzung steht den Grundeigentümern im Planbereich ein Anspruch auf Bewahrung der festgesetzten Gebietsart zu. Dieser Abwehranspruch wird bereits durch die Zulassung eines mit der Gebietsfestsetzung unvereinbaren Vorhabens ausgelöst, da andernfalls das nachbarliche Austauschverhältnis gestört und eine schleichende Umwandlung des Gebiets eingeleitet würde.[517]

In der Literatur wird von *Decker* die Auffassung vertreten, dass neben diesem Gebietserhaltungsanspruch auch ein sog. Gebietsprägungs-Erhaltungsanspruch existiere. Dieser vermittle ebenfalls Nachbarschutz hinsichtlich der Art der baulichen Nutzung und greife ein, wenn ein Vorhaben der allgemeinen Zweckbestimmung des jeweiligen Baugebietstypus widerspreche.[518] Es wird im Hinblick auf diesen Gebietsprägungs-Erhaltungsanspruch unter anderem auf den Beschluss des BVerwG vom 13.5.2002 verwiesen.[519]

Die Beachtlichkeit der jeweiligen Zweckbestimmung eines Baugebiets wird in der Rechtsprechung unter dem Begriff der Gebietsverträglichkeit diskutiert.[520] Es ist danach ein Vorhaben im Planbereich unzulässig, wenn es den Gebietscharakter gefährdet.[521]

Hierbei handelt es sich jedoch entgegen der dargestellten Literaturansicht nicht um einen eigenen Anspruch. Das Erfordernis der Gebietsverträglichkeit stellt nämlich nichts anderes dar, als eine an der jeweiligen Zweckbestimmung des Baugebiets orientierte Auslegung der Zulässigkeitstatbestände der §§ 2 ff. BauNVO.[522] Der Charakter des jeweiligen Baugebiets ergibt sich dabei aus der den Baugebietskategorien der §§ 2 ff. BauNVO jeweils in deren Absatz 1 zugewiesenen allgemeinen Zweckbestimmung. Ergänzend kann auch die jeweils in Absatz 2 niedergelegte regelmäßige Zulässigkeit herangezogen werden, da auch sie den vom Verordnungsgeber vorgesehenen Gebietscharakter

516 Vgl. BVerwG, DVBl. 1994, 284, 285.
517 BVerwG, DVBl. 1994, 284, 285 ff.; BVerwG, BauR 2000, 1019, 1020.
518 Vgl. Decker, JA 2003, 246, 247.
519 Vgl. Decker, JA 2003, 246, 247.
520 Vgl. BVerwG, BauR 2002, 1497.
521 BVerwG, BauR 2002, 1497.
522 Vgl. BVerwGE 90, 140, 145 f.

widerspiegelt.[523] Der danach ermittelte Gebietscharakter wirkt sich bei Auslegung und Anwendung der regelhaften Zulässigkeit nach den Absätzen 2 der §§ 2 ff. BauNVO, erst recht aber bei den vorgesehenen Ausnahmen nach den Absätzen 3 als eingrenzendes Kriterium aus.[524] Steht ein Vorhaben im Widerspruch zu der Zweckbestimmung des Baugebiets und ist es deshalb gebietsunverträglich, so ist es nach der Gebietsfestsetzung nicht zulassungsfähig und somit nach der Art der baulichen Nutzung objektiv-rechtlich unzulässig. Es kann folglich mit Hilfe des Gebietserhaltungsanspruchs abgewehrt werden. Ein eigenständiger sog. Gebietsprägungs-Erhaltungsanspruch ist nicht erforderlich; der dahinter stehende Gedanke stellt lediglich eine Konkretisierung des Gebietserhaltungsanspruchs dar.
So kann sich die in dem Beschluss vom 13.5.2002 erfolgte Bezugnahme des BVerwG auf sein Urteil vom 16.9.1993 auch nur auf den Gebietserhaltungsanspruch erstrecken.

Für das Verständnis des hier in Rede stehenden Anspruchs auf Aufrechterhaltung der gebietstypischen Prägung aus § 15 Abs. 1 S. 1 BauNVO ist damit dessen Verhältnis zu dem Gebietserhaltungsanspruch entscheidend. Denn der Anspruch aus § 15 Abs. 1 S. 1 BauNVO ist nur dann nicht überflüssig, wenn ihm trotz der (bereits dargelegten) mit dem Gebietserhaltungsanspruch übereinstimmenden Zielrichtung, den jeweiligen Gebietscharakter zu bewahren, noch eine eigene Funktion zukommt.
Der Unterschied zwischen den beiden Ansprüchen liegt nicht im Anspruchsziel; dieses ist in beiden Fällen auf die Aufrechterhaltung des Gebietscharakters hinsichtlich der Art der baulichen Nutzung gerichtet. Sie haben aber eine unterschiedliche Herangehensweise:
Der aus den §§ 2 bis 14 BauNVO bzw. den diesbezüglichen Bebauungsplanfestsetzungen sich ergebende Anspruch auf Bewahrung der festgesetzten Gebietsart dient dazu, die Zweckbestimmung eines Baugebiets allgemein zu sichern. Zu diesem Zweck legen die §§ 2 bis 14 BauNVO die allgemeine bzw. ausnahmsweise Zulässigkeit von Vorhaben generell fest.[525]
Demgegenüber soll mithilfe des Anspruchs aus § 15 Abs. 1 S. 1 BauNVO ein singuläres Vorhaben verhindert werden können, das nach der „Grobabstimmung" der §§ 2 bis 14 BauNVO generell zulässig wäre, aber nach Anzahl, Lage, Umfang oder Zweckbestimmung im Einzelfall der Eigenart des

523 BVerwG, BauR 2002, 1497, 1498.
524 BVerwG, BauR 2002, 1497, 1498.
525 BVerwG, NVwZ 1993, 987, 988.

Baugebiets widerspricht.[526] Die einzelfallbezogene Nachsteuerung des § 15 Abs. 1 S. 1 BauNVO entscheidet also nicht, ob ein Vorhaben überhaupt – also losgelöst von den Umständen des Einzelfalls – mit dem Charakter des Baugebiets verträglich ist.[527]
Hinzu kommt, dass sich die zu schützende Eigenart des Baugebiets nach § 15 Abs. 1 S. 1 BauNVO nicht allein nach den typisierenden Regelungen der §§ 2 ff. BauNVO bemisst. Neben der allgemeinen Zweckbestimmung durch die BauNVO, in der die städtebauliche Gestaltungsabsicht des Verordnungsgebers zum Ausdruck kommt, ist auch die konkrete örtliche Situation, die der Bebauungsplan vorfindet, und der jeweilige Planungswille der Gemeinde bei der Bestimmung der Eigenart des Baugebiets im Sinne des § 15 Abs. 1 S. 1 BauNVO zu berücksichtigen.[528] Die „Feinabstimmung" nach § 15 Abs. 1 S. 1 BauNVO stellt also mehr auf die besondere Situation eines in einem konkreten Bebauungsplan festgesetzten Baugebiets ab.
Die die Planfestsetzungen ergänzende Regelung des § 15 Abs. 1 BauNVO greift im Übrigen nur insoweit ein, als der Bebauungsplan selbst noch keine abschließende planerische Entscheidung enthält.[529] Dem Anspruch aus § 15 Abs. 1 S. 1 BauNVO kommt also eine eigenständige Bedeutung zu.

Wenn der Inhalt des Anspruchs aus § 15 Abs. 1 S. 1 BauNVO die Aufrechterhaltung der typischen Prägung eines Baugebiets ist, so muss jedes der Eigenart des Baugebiets widersprechende Vorhaben abgewehrt werden können. Ein solcher Widerspruch liegt nicht erst dann vor, wenn das gesamte Baugebiet oder ein großer Teil desselben in seiner Eigenart gefährdet wird. Es reicht vielmehr aus, dass sich der von dem Vorhaben hervorgerufene Widerspruch zu der Eigenart des Baugebiets lediglich auf das Baugrundstück oder die benachbarten Grundstücke auswirkt.[530] Dadurch soll einer Beeinträchtigung des Baugebiets entgegengewirkt werden, die sich im Wege einer schleichenden Verfremdung vollzieht.[531]
Es kann also keine Rolle spielen, ob der klagende Nachbar durch das Vorhaben unzumutbar beeinträchtigt wird. Jedoch steht ein Abwehranspruch nur den durch

---

526 BVerwG, NVwZ 1993, 987, 988; BVerwG, BauR 2002, 1497, 1498; BVerwG, NVwZ 2002, 1384, 1385.
527 BVerwG, BauR 2002, 1497, 1498; BVerwG, NVwZ 2002, 1384, 1385.
528 BVerwG, DVBl. 1988, 848, 849; BVerwG, DVBl. 1995, 754, 755; Roeser, in: K/R/S, § 15, Rn. 14.
529 Bielenberg, in: E/Z/B/K, § 15 BauNVO, Rn. 17; Roeser, in: K/R/S, § 15, Rn. 5; Stüer, Der Bebauungsplan, E, Rn. 572 ff.
530 Bielenberg, in: E/Z/B/K, § 15 BauNVO, Rn. 25.
531 Bielenberg, in: E/Z/B/K, § 15 BauNVO, Rn. 25.

den Bebauungsplan zu einer Austauschgemeinschaft Verbundenen, also den Eigentümern eines Grundstücks im Planbereich zu.
Die Reichweite des Anspruchs aus § 15 Abs. 1 S. 1 BauNVO stimmt also mit der des Gebietserhaltungsanspruchs aus der Festsetzung eines Baugebiets überein.

Die Unzulässigkeit nach § 15 Abs. 1 S. 1 BauNVO muss sich daraus ergeben, dass das hinzukommende Vorhaben nach der Anzahl der bereits vorhandenen Anlagen, seiner Lage, seinem Umfang oder seiner Zweckbestimmung der Eigenart des Baugebietes widerspricht. Diese Tatbestandsmerkmale beziehen sich alle auf die Art der baulichen Nutzung.[532] Das gilt auch für das Merkmal des Umfangs. Dieses ist so zu verstehen, dass die Größe einer baulichen Anlage oder der mit ihr verbundene Zu- und Abgangsverkehr auch die Art der baulichen Nutzung erfassen kann.[533] Daher wirkt auch jedes dieser Merkmale nachbarschützend, wenn es einen Widerspruch des Vorhabens zu der Eigenart des Baugebiets begründet.

b) § 15 Abs. 1 S. 2 BauNVO

Das BVerwG hat sich in dem Beschluss vom 13.5.2002 nur zu § 15 Abs. 1 S. 1 BauNVO geäußert. Es fragt sich deshalb, ob sich auch aus § 15 Abs. 1 S. 2 BauNVO ein nachbarlicher Anspruch auf Aufrechterhaltung der typischen Prägung eines Baugebiets ergibt.

aa) Nachbarschutz innerhalb des Baugebiets

Nach § 15 Abs. 1 S. 2 BauNVO ist eine bauliche oder sonstige Anlage im Plangebiet unzulässig, wenn von ihr Belästigungen oder Störungen ausgehen können, die nach der Eigenart des Baugebiets im Baugebiet selbst unzumutbar sind, oder wenn sie solchen Belästigungen oder Störungen ausgesetzt wird. (Die Auswirkungen auf die Umgebung des Baugebiets seien hier noch zurückgestellt.) Bei den Belästigungen oder Störungen handelt es sich nach überwiegender Meinung um Immissionen.[534] Den Begriffen kommt eine

532 Reidt, in: G/B/R, Rn. 1316; Meiners/Kronsbein, in: Hoppenberg/de Witt, A II, Rn. 365.
533 BVerwG, DVBl. 1995, 754, 755; Reidt, in: G/B/R, Rn. 1332; Roeser, in: K/R/S, § 15, Rn. 20.
534 Fickert/Fieseler, § 15, Rn. 11.1; Meiners/Kronsbein, in: Hoppenberg/de Witt, A II, Rn. 384; a.A. Ziegler, in: Brügelmann, § 15 BauNVO, Rn. 116, wonach der Begriff der Störung nicht auf Immissionen beschränkt ist.

eigenständige städtebauliche Bedeutung zu, was jedoch nicht ausschließt, dass bei ihrer Auslegung in begrenztem Umfang auch auf die Begriffsinhalte des BImSchG zurückgegriffen werden kann.[535]

Ob die Belästigungen oder Störungen, die das Vorhaben hervorrufen kann oder denen es ausgesetzt wird, unzumutbar sind, richtet sich nach der Eigenart des jeweiligen Baugebiets.[536] Dies ergibt sich bereits aus dem Wortlaut des § 15 Abs. 1 S. 2 BauNVO, der den Begriff aus Satz 1 der Vorschrift wieder aufgreift. Maßstab für die Zulässigkeit oder Unzulässigkeit eines Vorhaben ist also – ebenso wie in Satz 1 – die Eigenart des Baugebiets.[537] Allerdings wird diese hier ausschließlich nach immissionsschutzrechtlichen Gesichtspunkten bestimmt:

In den Zulässigkeitskatalogen der einzelnen Baugebietstypen der BauNVO hat der Verordnungsgeber die in immissionsschutzrechtlicher Hinsicht regelmäßig miteinander verträglichen Nutzungen zusammengefasst.[538] Von daher ist bei der Bestimmung der Eigenart eines Baugebiets im Sinne von § 15 Abs. 1 S. 2 BauNVO auch die von der BauNVO vorgesehene allgemeine Zweckbestimmung des Baugebiets heranzuziehen.[539] Allerdings ist nicht allein auf die in der BauNVO typisierte Gebietsart abzustellen. Es sind daneben die Besonderheiten des Einzelfalls zu berücksichtigen, die ihre Grundlage in der spezifischen Eigenart des konkreten Baugebiets oder dessen Umgebung haben.[540] So ist insbesondere die örtliche Situation, in die ein Baugebiet „hineingeplant“ wurde, zu beachten. Insofern kann sich eine faktische Vorbelastung auf die Eigenart des Baugebiets auswirken.[541] Die Eigenart des Baugebiets wird demnach prinzipiell ebenso wie in Satz 1 ermittelt.[542]

Der Schutz, den das Baugebiet in seiner jeweiligen Eigenart durch § 15 Abs. 1 S. 2 BauNVO erfährt, unterscheidet sich im Grundsatz auch nicht von der Schutzschwelle in Satz 1. Denn eine bauliche Anlage, von der Belästigungen oder Störungen ausgehen können, die in dem jeweiligen Baugebiet unzumutbar sind, widerspricht auch der Eigenart des Baugebiets. Gleiches gilt, wenn sich ein

---

535 Fickert/Fieseler, § 15, Rn. 11.1; Meiners/Kronsbein, in: Hoppenberg/de Witt, A II, Rn. 383; Roeser, in: K/R/S, § 15, Rn. 23.

536 BVerwG, NVwZ 2003, 1516, 1517; Ziegler, in: Brügelmann, § 15 BauNVO, Rn. 119 f.; Roeser, in: K/R/S, § 15, Rn. 30.

537 Ziegler, in: Brügelmann, § 15 BauNVO, Rn. 119 f.; Bielenberg, in: E/Z/B/K, § 15 BauNVO, Rn. 31; Fickert/Fieseler, § 15, Rn. 9; Hauth, BauR 1993, 673, 680.

538 BVerwG, NVwZ 1993, 987.

539 Fickert/Fieseler, § 15, Rn. 13.

540 BVerwG, NVwZ 1996, 379, 380; Stüer, Handbuch des Bau- und Fachplanungsrechts, C, Rn. 1392.

541 BVerwG, NVwZ 1996, 379, 380 f.; BVerwG, NVwZ 2000, 1050, 1052; Roeser, in: K/R/S, § 15, Rn. 30.

542 Bielenberg, in: E/Z/B/K, § 15 BauNVO, Rn. 29; Roeser, in: K/R/S, § 15, Rn. 22.

in dem Baugebiet an sich zulässiges Vorhaben im Einzelfall solchen Einwirkungen aussetzt, die in dem Baugebiet unzumutbar sind.[543]
§ 15 Abs. 1 S. 2 BauNVO dient daher in gleicher Weise wie Satz 1 der Vorschrift der Bewahrung des konkreten Gebietscharakters hinsichtlich der Art der baulichen Nutzung;[544] allerdings in spezieller Ausrichtung auf die Immissionssituation. Der Regelung muss dann aber auch eine diesbezügliche Anspruchsrichtung zugunsten der Planbetroffenen zukommen. Es lassen sich keine Gründe dafür anführen, den sich aus Satz 1 ergebenden Anspruch auf Aufrechterhaltung der typischen Prägung eines Baugebiets nicht auch auf den Regelungsbereich des Satz 2 zu übertragen, der sich mit den negativen Auswirkungen innerhalb des Baugebiets befasst.
Die Reichweite dieses Anspruchs korrespondiert ebenfalls mit der des Gebietserhaltungsanspruchs aus der Festsetzung eines Baugebiets.[545] Das bedeutet, dass sich jeder Eigentümer eines Grundstücks im Baugebiet im Wege der Nachbarklage gegen ein Vorhaben wenden kann, das zu unzumutbaren Belästigungen oder Störungen in dem Gebiet führt. Der Anspruch ist also nicht auf die in unzumutbarer Weise betroffenen Nachbarn beschränkt. Dadurch kann verhindert werden, dass von dem gebietswidrigen Vorhaben eine schleichende Verfremdung des Plangebiets eingeleitet wird. Entsprechendes gilt bei einer baulichen Anlage im Baugebiet, die sich solchen Belästigungen oder Störungen aussetzt.

bb) Baugebietsüberschreitender Nachbarschutz

Nach § 15 Abs. 1 S. 2 BauNVO ist eine bauliche oder sonstige Anlage in einem Bebauungsplangebiet auch unzulässig, wenn von ihr Belästigungen oder Störungen ausgehen können, die in der Umgebung des Baugebiets unzumutbar sind. Unter der Umgebung ist in diesem Zusammenhang der Bereich zu verstehen, in dem sich die von der baulichen Anlage unmittelbar ausgehenden Belästigungen oder Störungen noch auf die Nutzung anderer Grundstücke in bebauungsrechtlicher Hinsicht auswirken können.[546]
Es ist hier nicht möglich, den Anspruch auf Aufrechterhaltung der typischen Prägung des Baugebiets auch auf diese Variante des § 15 Abs. 1 S. 2 BauNVO

543 Ziegler, in: Brügelmann, § 15 BauNVO, Rn. 113.
544 Vgl. Fickert/Fieseler, § 15, Rn. 6.
545 Vgl. D IV 2 a.
546 Fickert/Fieseler, § 15, Rn. 22; Meiners/Kronsbein, in: Hoppenberg/de Witt, A II, Rn. 403 ff.; Roeser, in: K/R/S, § 15, Rn. 27.

auszudehnen. Denn der Anspruch kann, wie oben[547] dargestellt wurde, nur von Grundeigentümern innerhalb des Baugebiets geltend gemacht werden. Vorliegend führt aber die Errichtung einer baulichen Anlage zu unzumutbaren Einwirkungen auf Grundstücke außerhalb des Baugebiets. Bei der Umgebung kann es sich um ein anderes Baugebiet, aber auch um Flächen im nicht beplanten Innenbereich oder im Außenbereich handeln.[548]

Die hier interessierende Variante des § 15 Abs. 1 S. 2 BauNVO kommt allerdings nur zur Anwendung, wenn die Umgebung gegenüber den negativen Einwirkungen empfindlicher ist als das Baugebiet, in dem die bauliche Anlage errichtet werden soll. Denn andernfalls würde schon das Baugebiet selbst höhere Anforderungen an das Vorhaben stellen.[549]
In einem solchen Fall, in dem eine gegenüber Störungen oder Belästigungen empfindlichere Umgebung an ein Baugebiet angrenzt, ist es Aufgabe der Bauleitplanung, bei der Planung des „störenden" Gebiets auch auf die Belange der Grundeigentümer in der Nachbarschaft des Baugebiets Rücksicht zu nehmen.[550] Die Gemeinde muss die der Bauleitplanung zuzurechnenden Konflikte einer sachgerechten planerischen Lösung zuführen. Das gilt insbesondere für Konflikte, die sich aus dem Aufeinandertreffen unterschiedlicher, grundsätzlich unverträglicher Baugebiete ergeben.[551]
Dazu bietet es sich etwa an, ein immissionsverursachendes Gebiet gemäß § 1 Abs. 4 BauNVO so zu gliedern, dass an der Grenze zu einem benachbarten Wohngebiet nur die mit der Wohnbebauung verträglichen Nutzungen zugelassen werden können.[552]
Ist den Festsetzungen eines Bebauungsplans nach ihrem Inhalt und der planerischen Begründung zu entnehmen, dass sie in dieser Weise den Nachbarn außerhalb des Plangebiets zugute kommen sollen, so ist eine plangebietsüberschreitende drittschützende Wirkung dieser Bebauungsplanfestsetzungen anzuerkennen.[553]

---

547 Siehe D IV 2 a.
548 Ziegler, in: Brügelmann, § 15 BauNVO, Rn. 164.
549 Ziegler, in: Brügelmann, § 15 BauNVO, Rn. 165.
550 Dürr, in: Brügelmann, § 30, Rn. 96; Schmaltz, in: Schrödter, § 31, Rn. 44.
551 BVerwGE 45, 309, 327 f.; Bielenberg, in: E/Z/B/K, § 15 BauNVO, Rn. 17; Lenz, BauR 1990, 15.
552 Dürr, in: Brügelmann, § 30, Rn. 96; Schmaltz, in: Schrödter, § 31, Rn. 44.
553 VGH München, NVwZ-RR 1999, 226, 227; VGH Koblenz, BauR 2000, 527; Löhr, in: B/K/L, § 31, Rn. 63; Dürr, in: Brügelmann, § 30, Rn. 96; Reidt, in: G/B/R, Rn. 2075; Hoppenberg, in: Hoppenberg/de Witt, H, Rn 302.

Die Regelung des § 15 Abs. 1 S. 2 BauNVO, wonach Vorhaben im Planbereich keine unzumutbaren Einwirkungen in der Umgebung des Baugebiets hervorrufen dürfen, ist im Zusammenhang zu sehen mit dem soeben dargestellten plangebietsüberschreitenden Nachbarschutz aus bestimmten Festsetzungen eines Bebauungsplans.
Denn der Bebauungsplan kann nicht immer alle mit der Planung zusammenhängenden – auch nachbarrechtlichen – Probleme selber bewältigen.[554] Dem Grundsatz der planerischen Konfliktbewältigung sind also (faktische) Grenzen gesetzt.[555]
Es kann ferner aufgrund der Umstände des Einzelfalls eine planerische Zurückhaltung geboten sein, sofern die verbliebenen Konflikte in einem nachfolgenden Genehmigungsverfahren noch ausgeräumt werden können.[556]
Auch die zum Schutz der an das Baugebiet angrenzenden Nachbarn ergangenen Planfestsetzungen sind daher nicht immer abschließend und bedürfen unter Umständen der nachsteuernden Ergänzung in einem Genehmigungsverfahren.
Diese Ergänzungsfunktion übernimmt im Baugenehmigungsverfahren § 15 Abs. 1 S. 2 BauNVO, der die Bauleitplanung entlastet, indem er bei der individuellen Zulassung eines Einzelvorhabens sicherstellt, dass die Umgebung des Baugebiets nicht unzumutbaren Einwirkungen ausgesetzt wird.[557]
Dann muss § 15 Abs. 1 S. 2 BauNVO aber auch in dieser plangebietsübergreifenden Konstellation – ebenso wie die zum Schutz der an ein Baugebiet angrenzenden Nachbarn ergangenen Festsetzungen – drittschützend wirken.
Das anerkennt – jedenfalls dem Grundsatz nach – auch das BVerwG; allerdings nur unter der weiteren Voraussetzung, dass in qualifizierter und zugleich individualisierter Weise auf schutzwürdige Interessen eines erkennbar abgegrenzten Kreises Dritter Rücksicht zu nehmen ist.[558]
Wenn aber § 15 Abs. 1 S. 2 BauNVO in Ergänzung der planerischen Festsetzungen im Einzelfall dem Schutz der Eigentümer von Grundstücken außerhalb des Baugebiets dient, dann muss diesen, sofern sie durch die von einer baulichen Anlage im Plangebiet ausgehenden Belästigungen oder Störungen in unzumutbarer Weise betroffen werden, auch ein Abwehranspruch gegen das Vorhaben zustehen, ohne dass die weitergehenden Kriterien der Qualifizierung

554 BVerwG, BauR 1988, 448, 450 f.
555 BVerwG, DVBl. 1984, 343, 344; Stüer, Der Bebauungsplan, E, Rn. 567 ff.
556 BVerwG, BauR 1988, 448, 450 f.; BVerwG, DVBl. 1989, 661, 662; Söfker, in: E/Z/B/K, § 1, Rn. 215, 219; Stüer, Der Bebauungsplan, E, Rn. 567 ff.
557 BVerwG, DVBl. 1989, 661, 662; Söfker, in: E/Z/B/K, § 1, Rn. 219 f.; Bielenberg, in: E/Z/B/K, § 15 BauNVO, Rn. 17; Reidt, in: G/B/R. Rn. 2075; Stüer, Der Bebauungsplan, E, Rn. 572.
558 Vgl. BVerwG, BauR 1986, 414, 416.

und Individualisierung erfüllt sind. Denn daraus, dass die abschließende Konfliktlösung in das Baugenehmigungsverfahren verlagert wird, darf den Nachbarn gegenüber einer planerischen Konfliktbewältigung kein Nachteil entstehen. Das wäre aber der Fall, wenn sie eine unzumutbare Beeinträchtigung nicht in jedem Fall verhindern könnten.
Jedoch steht das Abwehrrecht auch nur den Grundeigentümern zu, die selber unzumutbar betroffen sind. Insofern unterscheidet sich dieser plangebietsübergreifende Nachbarschutz aus § 15 Abs. 1 S. 2 BauNVO von dem im Plangebiet gegebenen Anspruch auf Aufrechterhaltung der typischen Prägung des Baugebiets.

3) Ergebnis

§ 15 Abs. 1 S. 1 BauNVO enthält einen nachbarlichen Anspruch auf Aufrechterhaltung der typischen Prägung eines Baugebiets. Insofern ist der jüngsten Rechtsprechung des BVerwG[559] zu folgen. Der Anspruch steht den Eigentümern von Grundstücken im Baugebiet gegen ein gebietswidriges Vorhaben zu, ohne dass sie selber spürbar betroffen sein müssen, da nur so das wechselseitige Austauschverhältnis der Planbetroffenen vor einer einseitigen Aufhebung geschützt werden kann. Die Gebietsunverträglichkeit des Vorhabens ergibt sich im Einzelfall aus einem Widerspruch zur Eigenart des Baugebiets nach Anzahl der vorhandenen Anlagen, nach Lage, Umfang oder Zweckbestimmung. Damit wirkt der Tatbestand des § 15 Abs. 1 S. 1 BauNVO insgesamt drittschützend. Es ist daher nicht verständlich, weshalb das BVerwG auch nach Anerkennung dieses Anspruchs offenbar noch einen Bedarf für die Beibehaltung des Rücksichtnahmegebots sieht. Denn nach dem Gericht enthält die Vorschrift neben dem Anspruch auf Aufrechterhaltung der gebietstypischen Prägung auch noch das Gebot der Rücksichtnahme.[560] Von dem Anspruch auf Aufrechterhaltung der gebietstypischen Prägung sind aber sämtliche Konstellationen, die zur Unzulässigkeit eines Vorhabens nach § 15 Abs. 1 S. 1 BauNVO führen können, tatbestandlich erfasst. Für das Gebot der Rücksichtnahme bleibt also – nimmt man seine vom BVerwG betonte Tatbestandsgebundenheit ernst – gar kein Anwendungsbereich übrig.

Gleiches gilt für § 15 Abs. 1 S. 2 BauNVO, soweit die Vorschrift dem Nachbarschutz innerhalb des Baugebiets dient, in dem die bauliche Anlage

---

559 Vgl. BVerwG, NVwZ 2002, 1384 f.
560 Vgl. BVerwG, NVwZ 2002, 1384.

errichtet werden soll. Hier sind die beiden Fallgruppen, dass das Vorhaben zu unzumutbaren Belästigungen oder Störungen im Baugebiet führen kann oder es solchen Einwirkungen ausgesetzt wird, gleich zu behandeln. Jeder Grundeigentümer im Plangebiet kann sich, ohne selber unzumutbar beeinträchtigt zu sein, gegen ein Vorhaben wenden, das nach diesen Kriterien den Gebietscharakter gefährdet. Dadurch soll einer schleichenden Umwandlung des Baugebiets vorgebeugt werden. Insofern kommt die hier vertretene Auffassung zu einer Ausweitung des Nachbarschutzes gegenüber dem Drittschutz über das Gebot der Rücksichtnahme.

Anders stellen sich die Dinge bei der plangebietsüberschreitenden Variante des § 15 Abs. 1 S. 2 BauNVO dar.[561] Hier steht nur den Eigentümern von außerhalb des Baugebiets gelegenen Grundstücken, die selber unzumutbare Belästigungen oder Störungen zu befürchten haben, ein Abwehrrecht zu. Das hat seine Ursache darin, dass sie nicht an der Austauschgemeinschaft der von dem Bebauungsplan unmittelbar betroffenen und zu einer planungsrechtlichen Schicksalsgemeinschaft verbundenen Grundeigentümer im Plangebiet teilhaben. Allerdings steht den Nachbarn in der Umgebung des Baugebiets im Falle unzumutbarer Betroffenheit ein Abwehranspruch zu, ohne dass es noch auf die vom BVerwG zur subjektiv-rechtlichen Seite des Rücksichtnahmegebots entwickelten Kriterien der Qualifizierung und Individualisierung ankommt.

---

561 Siehe D IV 2 b bb.

E) Zusammenfassung

1) Subjektiv-rechtliche Seite des Rücksichtnahmegebots

Die Arbeit wirft die Frage nach der Berechtigung der vom BVerwG zur subjektiv-rechtlichen Seite des Rücksichtnahmegebots entwickelten Grundsätze auf. Denn bei einer Betrachtung der Tatbestände ergibt sich aus keiner der bauplanungsrechtlichen Normen, in denen das Gericht das Gebot der Rücksichtnahme verankert, als Voraussetzung einer drittschützenden Wirkung, dass sich der Nachbar auf eine besondere Rechtsposition berufen kann oder er aufgrund der tatsächlichen Umstände handgreiflich betroffen ist.[562]

Die Ursache dieser Rechtsprechung zur subjektiv-rechtlichen Seite des Rücksichtnahmegebots liegt in der vom BVerwG früher vertretenen „strengen" Schutznormtheorie. Denn danach hat eine Norm drittschützende Wirkung nur, wenn sie einen bestimmten, klar abgrenzbaren Kreis Berechtigter bezeichnet. Das nach Auffassung des BVerwG in einzelnen bauplanungsrechtlichen Vorschriften zum Ausdruck kommende Gebot der Rücksichtnahme ist dem Gericht aber im Grundsatz zu weit gefasst, als dass sich aus ihm ein eindeutig abgrenzbarer Kreis Begünstigter ergibt.[563] Lediglich in Ausnahmefällen erkennt es dem Gebot der Rücksichtnahme und damit den Vorschriften, in denen dieses gesetzlich niedergelegt ist, eine nachbarschützende Wirkung zu, wenn die notwendige Eingrenzung eines klagebefugten Personenkreises durch das Hinzutreten besonderer Umstände im Einzelfall bewirkt wird. Das ist der Fall, wenn der Nachbar über eine ihm durch ein Gesetz zuerkannte, besondere Rechtsposition verfügt oder wenn die jeweiligen Umstände geradezu handgreiflich ergeben, auf wen in der Situation Rücksicht zu nehmen ist.[564]

Diese ursprünglich zu § 35 Abs. 3 BBauG a.F. entwickelten Kriterien für eine Subjektivierung des Rücksichtnahmegebots wendet das BVerwG tatbestandsübergreifend auf die Normen an, in denen das Gebot der Rücksichtnahme seiner Meinung nach enthalten ist.[565]

---

562 Siehe A 2.
563 Siehe B II 1.
564 Siehe B II 2.
565 Siehe B III 1 a.

Die Arbeit stellt die These auf, dass infolge der Aufgabe der „strengen" Schutznormtheorie durch das Urteil vom 19.9.1986 die Grundlage für einen weiteren Beibehalt der darauf beruhenden Kriterien der Qualifizierung und Individualisierung entfallen ist.[566] Das BVerwG hält jedoch auch nach dieser Entscheidung weiterhin an den von ihm entwickelten Grundsätzen zur subjektiv-rechtlichen Seite des Rücksichtnahmegebots fest.[567]
Erst in jüngerer Zeit geht das Gericht vermehrt dazu über, den drittschützenden Charakter einer bauplanungsrechtlichen Regelung ausschließlich aus dem jeweiligen Norminhalt abzuleiten, ohne dabei auf das Gebot der Rücksichtnahme zurückzugreifen. Insbesondere erkennt das BVerwG in einem Beschluss vom 13.5.2002 erstmals einer Vorschrift, die es bislang nur mittels des darin zum Ausdruck kommenden Gebots der Rücksichtnahme als drittschützend ansah, eine darüber hinausgehende nachbarschützende Wirkung zu.[568]

2) Auslegungsergebnisse

Diesen Ansatz greift die Arbeit auf und legt die in Rede stehenden bauplanungsrechtlichen Normen daraufhin aus, ob ihnen auch unabhängig von den zur Subjektivierung des Rücksichtnahmegebots entwickelten Kriterien ein drittschützender Charakter zukommt:

a) § 34 Abs. 1 BauGB

Bei der Auslegung des § 34 Abs. 1 stellt die vorliegende Arbeit auf den Gedanken des wechselseitigen Austauschverhältnisses ab. Danach wirkt eine Vorschrift drittschützend, wenn sie den nachbarlichen Interessenkonflikt aufgreift und zu einem sachgerechten Ausgleich führt.
Für § 34 Abs. 1 kommt in diesem Zusammenhang dem Begriff des Einfügens entscheidende Bedeutung zu. Denn dieser verlangt nach der Rechtsprechung des BVerwG, dass ein Vorhaben zu der vorhandenen Bebauung in der näheren Umgebung harmonisch hinzutreten muss. Dadurch wird ein Bauherr im unbeplanten Innenbereich insoweit in seiner Baufreiheit eingeschränkt, als er über das gesetzliche Gebot des Einfügens verpflichtet ist, sich der vorhandenen Bebauung anzupassen. Im Gegenzug kann er aber darauf vertrauen, dass auch

566 Siehe B III 1 b.
567 Siehe B III 1 c.
568 Siehe B III 1 d.

eventuelle Bauvorhaben der anderen Eigentümer dem Gebietscharakter entsprechen müssen. Diese wechselseitige Verpflichtung der Grundeigentümer im nichtbeplanten Innenbereich, die städtebauliche Harmonie der näheren Umgebung zu bewahren, hat zur Folge, dass nachbarliche Konflikte ausgeräumt werden. Die Eigentümer werden dadurch, soweit die Kriterien des Einfügens in § 34 Abs. 1 S. 1 sich auf horizontaler Ebene auswirken, zu einer Drittschutz begründenden Austauschgemeinschaft verbunden.
Voraussetzung für ein wechselseitiges Austauschverhältnis der Nachbarn im unbeplanten Innenbereich ist allerdings, dass die nähere Umgebung im Hinblick auf ein städtebauliches Merkmal des § 34 Abs. 1 S. 1 homogen strukturiert ist. Denn § 34 Abs. 1 S. 1 kann, indem er vorschreibt, dass sich eine neue bauliche Anlage dem Vorhandenen anpassen muss, lediglich die Struktur einer bereits existierenden harmonischen Bebauung aufrechterhalten. In einem diffus bebauten Innenbereich, in dem eine ungelöste Konfliktlage der widerstreitenden nachbarlichen Interessen besteht, bildet sich unter den Nachbarn auch kein Vertrauen auf die Einhaltung bestimmter städtebaulicher Kriterien. Sie müssen mit einer Vielzahl unterschiedlicher, sich in die Umgebung einfügender Nutzungen rechnen. Nur wenn die existierende Bebauung aufgrund ihres einheitlichen äußeren Erscheinungsbildes für jedermann erkennbar und prognostizierbar vorgibt, was sich in sie einfügen würde, entsteht auch eine Austauschgemeinschaft unter den Grundeigentümern.
Nach der hier vertretenen Auffassung kann im Rahmen des § 34 Abs. 1 auf die objektiv-rechtliche wie auf die subjektiv-rechtliche Seite des Gebots der Rücksichtnahme verzichtet werden. Es kommt bei der objektiv-rechtlichen Beurteilung eines Vorhabens im unbeplanten Innenbereich ausschließlich darauf an, ob es sich in die Eigenart der näheren Umgebung einfügt. Fügt es sich nicht ein, so steht den Nachbarn bei Bestehen eines wechselseitigen Austauschverhältnisses ein Abwehranspruch gegen das Vorhaben zu.[569]

b) § 35 Abs. 3 S. 1 Nr. 3 BauGB

Die Auslegung des § 35 Abs. 3 S. 1 Nr. 3 orientiert sich an den korrespondierenden Schutzpflichten des BImSchG. Im Rahmen des § 35 Abs. 3 S. 1 Nr. 3 ist allerdings zu differenzieren zwischen dessen erster Alternative, wonach eine Beeinträchtigung öffentlicher Belange vorliegt, wenn das Vorhaben schädliche Umwelteinwirkungen hervorrufen kann, und dessen

---

569 Siehe D I.

zweiter Alternative, die dem den Fall gleichstellt, dass das Vorhaben schädlichen Umwelteinwirkungen ausgesetzt wird.
Für die Anwendung der ersten Alternative wird weiter unterschieden, ob es sich bei dem im Außenbereich zu errichtenden Vorhaben um eine gemäß § 4 Abs. 1 BImSchG immissionsschutzrechtlich genehmigungsbedürftige Anlage handelt oder nicht.
Stellt das Bauvorhaben zugleich eine immissionsschutzrechtlich genehmigungspflichtige Anlage dar, so ist § 35 Abs. 3 S. 1 Nr. 3 entsprechend der einschlägigen Betreiberpflicht in § 5 Abs. 1 Nr. 1 BImSchG auszulegen. Das bedeutet, das Vorhaben ist auch nach § 35 Abs. 3 S. 1 Nr. 3 nicht zulässig, wenn es konkret schädliche Umwelteinwirkungen hervorrufen kann. Zur Definition des Begriffs der schädlichen Umwelteinwirkungen ist auf § 3 Abs. 1 BImSchG zurückzugreifen.
Ist die im Außenbereich zu errichtende Anlage immissionsschutzrechtlich nicht genehmigungsbedürftig, so richtet sich das Maß der zulässigen Immissionen in § 35 Abs. 3 S. 1 Nr. 3 nach den Vorgaben des § 22 Abs. 1 S. 1 Nr. 1, 2 BImSchG.
Das Schutzniveau des § 35 Abs. 3 S. 1 Nr. 3 folgt also unterschiedlichen Maßstäben, je nach dem, ob das baurechtliche Vorhaben eine immissionsschutzrechtlich genehmigungsbedürftige Anlage darstellt oder nicht. Dadurch übernimmt § 35 Abs. 3 S. 1 Nr. 3 die vom BImSchG vorgenommene Unterscheidung zwischen den aufgrund ihrer höheren Umweltschädlichkeit nach § 4 Abs. 1 BImSchG genehmigungspflichtigen und den typischerweise weniger umweltgefährdenden, nicht genehmigungspflichtigen Anlagen auch für das Städtebaurecht.
Indem § 35 Abs. 3 S. 1 Nr. 3 mit dem Begriff der schädlichen Umwelteinwirkungen auch die Nachbarschaft in Bezug nimmt (vgl. § 3 Abs. 1 BImSchG), kommt der Vorschrift eine drittschützende Tendenz zu. Da ein Verstoß gegen § 35 Abs. 3 S. 1 Nr. 3 die Ausführung eines Vorhabens im Außenbereich zwingend verhindert, kommt der Regelung auch eine drittrechtsbegründende Wirkung zu. Damit folgt § 35 Abs. 3 S. 1 Nr. 3 auch im Drittschutzbereich den entsprechenden Schutzvorschriften des BImSchG. Das gilt auch für den Begriff der Nachbarschaft in § 35 Abs. 3 S. 1 Nr. 3, der nach hier vertretener Auffassung ebenfalls nach Maßgabe des § 3 Abs. 1 BImSchG zu bestimmen ist. Zur Nachbarschaft zählt danach, wer über eine besondere persönliche oder sachliche Bindung zu einem Ort im Einwirkungsbereich der Anlage verfügt. Dies wird damit begründet, dass § 35 Abs. 3 S. 1 Nr. 3 eine nicht nur grundstücksbezogene, sondern auch personenbezogene Schutznorm des Bauplanungsrechts darstellt.

Durch die zweite Alternative des § 35 Abs. 3 S. 1 Nr. 3 (...schädlichen Umwelteinwirkungen ausgesetzt wird) soll verhindert werden, dass eine wegen ihrer nachteiligen Wirkung auf die Umgebung in den Außenbereich verwiesene Nutzung nachträglich dadurch eingeschränkt wird, dass sich in ihrer Nähe ein immissionsempfindliches Vorhaben ansiedelt, von dem aus dann immissionsschutzrechtlich gegen den Verursacher vorgegangen wird. Um dem vorzubeugen, muss sich auch die Frage, wann sich ein Vorhaben in diesem Sinne schädlichen Umwelteinwirkungen aussetzt, nach der Art der vorhandenen emittierenden Anlage richten. Denn das Schutzniveau, welches das beeinträchtigte Vorhaben in Anspruch nehmen kann, hängt davon ab, ob es sich bei der potentiell mit Abwehransprüchen konfrontierten Nutzung um eine immissionsschutzrechtlich genehmigungspflichtige Anlage handelt oder nicht.
Befindet sich der Standort des zu errichtenden Vorhabens im Einwirkungsbereich mehrerer emittierender Anlagen, so ist das Immissionsniveau maßgeblich, das den strengsten Maßstab enthält. Ist also unter den Anlagen, die zu der Gesamtbelastung am Einwirkungsort beitragen und nach Errichtung des Vorhabens mit Abwehransprüchen zu rechnen haben, eine Anlage vertreten, die nach § 4 Abs. 1 BImSchG genehmigungsbedürftig ist, so ist § 35 Abs. 3 S. 1 Nr. 3 verletzt, wenn das Vorhaben entsprechend dem Schutzniveau des § 5 Abs. 1 Nr. 1 BImSchG konkret schädlichen Umwelteinwirkungen ausgesetzt wird.
Nach hier vertretener Auffassung kann sich der im Außenbereich ansässige sogenannte latente Störer auch auf die zweite Alternative des § 35 Abs. 3 S. 1 Nr. 3 zur Abwehr einer heranrückenden Bebauung berufen.

Das Gebot der Rücksichtnahme ist demzufolge bei § 35 Abs. 3 S. 1 Nr. 3 weder zur Beurteilung der objektiven Rechtmäßigkeit noch zur Begründung subjektiver Rechte erforderlich.[570]

c) § 31 Abs. 2 BauGB

Die Befreiung nach § 31 Abs. 2 stützt sich auf Gründe, die bei der Planungsentscheidung der Gemeinde nicht bzw. so nicht vorauszusehen waren oder die in der planerischen Abwägung nicht berücksichtigt werden mussten. Es ist also bei der Bauleitplanung nicht absehbar, ob und wenn ja, von welchen Festsetzungen des Bebauungsplans zu einem späteren Zeitpunkt im Wege einer Befreiung abgewichen wird.

---

570 Siehe D II.

Wenn aber die Befreiung von der Gemeinde nicht vorhergesehen werden kann, weil die Gründe für eine Befreiung erst hervortreten, nachdem der Plan erlassen wurde, so kann bei der Bauleitplanung auch nicht berücksichtigt werden, ob nachbarliche Interessen von einer möglichen Befreiung berührt werden. Stellt sich also in dem Verfahren über die Erteilung einer Befreiung heraus, dass nachbarliche Belange durch die Abweichung von den Festsetzungen des Plans beeinträchtigt werden, so müssen diese in der Genehmigungsentscheidung Berücksichtigung finden, da sie andernfalls gänzlich ungeschützt wären. Es muss daher durch die Befreiungsentscheidung an die Stelle der planerisch abgewogenen eine konkrete andere bebauungsrechtliche Ordnung gesetzt werden, in der auch ein Ausgleich der Interessen des Bauherrn und der betroffenen Nachbarn vorgenommen wird. Daher fordert auch § 31 Abs. 2 bei der Entscheidung über die Erteilung einer Befreiung eine Würdigung nachbarlicher Interessen.
Dieser Ausgleich der widerstreitenden Interessen bildet die Grundlage für den nachbarschützenden Charakter der Vorschrift. Hinsichtlich der Modalitäten des vorzunehmenden Interessenausgleichs folgt die Arbeit dem BVerwG, das hier eine Abwägung nach den von ihm zur objektiv-rechtlichen Seite des Rücksichtnahmegebots entwickelten Grundsätzen durchführt. Allerdings ist darauf zu achten, dass es sich dabei um eine nachvollziehende Abwägung handelt. Die vorgegebenen Wertungen, an denen sich die nachvollziehende Abwägung zu orientieren hat, müssen sich in erster Linie aus dem Bebauungsplan und der darin zum Ausdruck kommenden Planungskonzeption der Gemeinde ergeben.
Kommt aber die Abwägung zu dem Ergebnis, dass die durch eine Befreiung eintretenden Nachteile dem Nachbarn nicht mehr zumutbar sind, so muss ihm nach hier vertretener Auffassung auch ein Abwehranspruch gegen eine dennoch erteilte Befreiung zustehen.
Auf die vom BVerwG zur subjektiv-rechtlichen Seite des Rücksichtnahmegebots entwickelten Kriterien der Qualifizierung und Individualisierung kommt es nach diesseitiger Ansicht nicht mehr an.[571]

d) § 15 Abs. 1 BauNVO

Die Arbeit greift den Beschluss des BVerwG vom 13.5.2002 auf, demzufolge § 15 Abs. 1 S. 1 BauNVO nicht nur das Gebot der Rücksichtnahme enthält, sondern auch einen Anspruch auf Aufrechterhaltung der typischen Prägung

571 Siehe D III.

eines Baugebiets, in dem sich das Gericht jedoch nicht weiter zu Umfang und Reichweite dieses Anspruchs äußert.
Nach hier vertretener Auffassung muss mit Hilfe des sich aus § 15 Abs. 1 S. 1 BauNVO ergebenden Anspruchs jedes der Eigenart des Baugebiets widersprechende Vorhaben von den Grundeigentümern in Plangebiet abgewehrt werden können. Es ist insbesondere nicht erforderlich, dass der klagende Nachbar durch das Vorhaben unzumutbar beeinträchtigt wird, da nur so das wechselseitige Austauschverhältnis der Planbetroffenen vor einer einseitigen Durchbrechung geschützt werden kann. Da der Anspruch auf Aufrechterhaltung der gebietstypischen Prägung sämtliche Konstellationen erfasst, die zur Unzulässigkeit eines Vorhabens nach § 15 Abs. 1 S. 1 BauNVO führen können, und der Tatbestand somit insgesamt drittschützend wirkt, verbleibt für das objektiv- wie subjektiv-rechtliche Gebot der Rücksichtnahme – entgegen dem BVerwG – kein weiterer Anwendungsbereich.

Im Rahmen des § 15 Abs. 1 S. 2 BauNVO greift die Arbeit zunächst den Regelungsbereich auf, der sich den baugebietsinternen Konflikten widmet. Danach sind Vorhaben im Planbereich unzulässig, von denen unzumutbare Belästigungen oder Störungen im Baugebiet hervorgerufen werden können oder die solchen Einwirkungen ausgesetzt werden. Das Maß der Zumutbarkeit bemisst sich dabei nach der Eigenart des jeweiligen Baugebiets. Insofern dient die Vorschrift – ebenso wie § 15 Abs. 1 S. 1 BauNVO – der Bewahrung des konkreten Gebietscharakters hinsichtlich der Art der baulichen Nutzung; allerdings in spezieller Ausrichtung auf die Immissionssituation.
Nach hier vertretener Auffassung muss daher der vom BVerwG bisher nur in Satz 1 verankerte nachbarliche Anspruch auf Aufrechterhaltung der gebietstypischen Prägung auch auf diesen Teil der Regelung des § 15 Abs. 1 S. 2 BauNVO übertragen werden. Das bedeutet, dass sich jeder Grundeigentümer im Baugebiet – unabhängig von einer eigenen unzumutbaren Betroffenheit – im Wege der Nachbarklage gegen ein gebietswidriges Vorhaben wenden kann, das zu unzumutbaren Belästigungen oder Störungen in dem Gebiet führt. Gleiches gilt gegenüber einer baulichen Anlage im Baugebiet, die solchen Belästigungen oder Störungen ausgesetzt wird. Der Rückgriff auf das Gebot der Rücksichtnahme ist also auch hier nicht erforderlich.

Nach § 15 Abs. 1 S. 2 BauNVO ist ein Bauvorhaben im Bebauungsplanbereich ferner unzulässig, wenn es unzumutbare Belästigungen oder Störungen in der Umgebung des Baugebiets hervorrufen kann. Auf diesen Regelungsbereich der Norm lässt sich der Anspruch auf Aufrechterhaltung der typischen Prägung eines Baugebiets nicht übertragen, da dieser nur Eigentümern von Grundstücken

innerhalb des Baugebiets zustehen kann, die an der wechselseitigen Austauschgemeinschaft teilnehmen.
Die Arbeit stellt einen Zusammenhang her zwischen dieser baugebietsüberschreitenden Variante des § 15 Abs. 1 S. 2 BauNVO und solchen Festsetzungen eines Bebauungsplans, auf die sich auch Grundeigentümer außerhalb des Plangebiets berufen können. Sie kommt zu dem Ergebnis, dass die Vorschrift zugunsten der Nachbarn in der Umgebung des Baugebiets drittschützend wirkt, die selber unzumutbar beeinträchtigt werden. Auf die nach dem BVerwG hier ferner zu prüfenden Kriterien der Qualifizierung und Individualisierung kommt es nach hier vertretener Ansicht nicht an.[572]

3) Abschließende Stellungnahme

Nach der vorgelegten Konzeption ist es also gar nicht erforderlich, für die Zuerkennung einer drittschützenden Wirkung der in Rede stehenden bauplanungsrechtlichen Vorschriften auf ein Hinzutreten qualifizierender und individualisierender Umstände abzustellen. Denn den Normen kommt schon aus sich heraus ein nachbarschützender Charakter zu, der über das hinausgeht, was das BVerwG ihnen an Drittschutz über das Gebot der Rücksichtnahme zugesteht.
Es kann somit für die §§ 34 Abs. 1, 35 Abs. 3 S. 1 Nr. 3 und 31 Abs. 2 BauGB sowie § 15 Abs. 1 BauNVO auf die subjektiv-rechtliche Seite des Rücksichtnahmegebots verzichtet werden.

Auch die Grundsätze der objektiv-rechtlichen Seite des Gebots der Rücksichtnahme spielen in der vorliegenden Arbeit mit einer Ausnahme keine Rolle mehr. Einzig der im Rahmen des § 31 Abs. 2 nach der dort angeordneten Würdigung nachbarlicher Interessen vorzunehmende Interessenausgleich ist im Wege der vom BVerwG vorgenommenen Abwägung durchzuführen.

Oben wurde bereits dargelegt, dass sich die Frage nach der Zulässigkeit eines Rückgriffs auf Art. 14 Abs. 1 GG nur stellt, sofern das einfache Recht keine hinreichend nachbarschützenden Regelungen enthält.[573] Schon unter der Geltung des drittschützenden Rücksichtnahmegebots ist in den Fällen der §§ 31, 34 und

---

572 Siehe D IV.
573 Siehe B III 2.

35 BauGB sowie § 15 BauNVO nach Auffassung des BVerwG eine Heranziehung von Art. 14 Abs. 1 GG nicht mehr erforderlich:

„Welche Beeinträchtigungen seines Grundeigentums der Nachbar hinnehmen muss und wann er sich gegen ein Bauvorhaben wenden kann, richtet sich nach den Grundsätzen des Rücksichtnahmegebotes, das in den genannten Vorschriften enthalten ist. Insoweit ist für weitergehende Ansprüche aus Art. 14 Abs. 1 GG kein Raum.“[574]

Da nach dem Ergebnis dieser Arbeit der Nachbarschutz bei den in Rede stehenden Vorschriften im Vergleich zu dem, was das BVerwG über das Gebot der Rücksichtahme an Drittschutz im Bauplanungsrecht anerkennt, insgesamt eine Ausweitung erfährt, erscheint die Notwendigkeit eines Rückgriffs auf Art. 14 Abs. 1 GG in den dargestellten Fällen wenig wahrscheinlich.

---

574 BVerwGE 89, 69, 78.

Literaturverzeichnis

Alexy, Robert: Das Gebot der Rücksichtnahme im baurechtlichen Nachbarschutz, DÖV 1984, 953

Battis, Ulrich/Krautzberger, Michael/Löhr, Rolf-Peter: Baugesetzbuch, 8. Auflage, München 2002, zit.: B/K/L

Battis, Ulrich: Baurechtlicher Nachbarschutz in Gebieten nach § 34 BauGB gemäß Art. 14 GG und dem Gebot der Rücksichtnahme: aktuelle Bedeutung, in: Baurecht – Aktuell, Festschrift für Felix Weyreuther, Köln u.a. 1993, 305, zit.: Battis, FS Weyreuther

Battis, Ulrich/Diehl, Thomas: Landwirtschaft und heranrückende Wohnbebauung – Eine Bestandsaufnahme, AgrarR 1993, 197

Bönker, Christian: Baurechtlicher Nachbarschutz aus Art. 14 Abs. 1 Satz 1 GG? – Zur neueren Rechtsprechung des Bundesverwaltungsgerichts, DVBl. 1994, 506

Breuer, Rüdiger: Baurechtlicher Nachbarschutz, DVBl. 1983, 431

Ders.: Das baurechtliche Gebot der Rücksichtnahme – ein Irrgarten des Richterrechts, DVBl. 1982, 1065

Brohm, Winfried: Öffentliches Baurecht, 3. Auflage, München 2002, zit.: Brohm, Öffentliches Baurecht

Ders.: Besprechung der 2. Auflage von: Battis/Krautzberger/Löhr, Baugesetzbuch, AöR 113 (1988), 660

Brügelmann, Hermann: Baugesetzbuch Kommentar, Band 2, Band 6, Stand: 53. Lieferung, Stuttgart 2003, zit.: Brügelmann

Decker, Andreas: Die Grundzüge des (bauplanungsrechtlichen) Gebots der Rücksichtsnahme – zugleich ein Beitrag zur neueren Rspr des BVerwG, JA 2003, 246

Dolzer, Rudolf/Vogel, Klaus/Graßhof, Karin: Bonner Kommentar zum Grundgesetz, Stand: 111 Lieferung, Heidelberg 2004, zit.: Bonner Kommentar

Dürr, Hansjochen/Middeke, Andreas: Baurecht für Nordrhein-Westfalen, 2. Auflage, Baden-Baden 1999, zit.: Dürr/Middeke

Dürr, Hansjochen: Die Entwicklung des öffentlichen Baunachbarrechts, DÖV 2001, 625

Erbguth, Wilfried: Nachbarschutz im unbeplanten Innenbereich – Gedanken zur Novellierung des § 34 Bundesbaugesetz, in: Raumplanung und Eigentumsordnung, Festschrift für Werner Ernst zum 70. Geburtstag, München 1980, 89, zit.: Erbguth, FS Ernst

Erichsen, Hans-Uwe/Ehlers, Dirk: Allgemeines Verwaltungsrecht, 12. Auflage, Berlin 2002, zit.: Erichsen/Ehlers

Ernst, Werner/Zinkahn, Willy/Bielenberg, Walter/Krautzberger, Michael: Baugesetzbuch Kommentar, Band 2, Band 5, Stand: 72. Lieferung, München 2003, zit.: E/Z/B/K

Feldhaus, Gerhard: Bundesimmissionsschutzrecht Kommentar, Band 1, Teil I und II, Stand: 118. Lieferung, Heidelberg 2004, zit.: Feldhaus

Fickert, Hans Carl/Fieseler, Herbert: Baunutzungsverordnung Kommentar, 10. Auflage, Stuttgart 2002, zit.: Fickert/Fieseler

Gelzer, Konrad/Bracher, Christian-Dietrich/Reidt, Olaf: Bauplanungsrecht, 6. Auflage, Köln 2001, zit.: G/B/R

Graulich, Volker: Immissionsschutzrechtliche Konflikte zwischen Landwirtschaft und Wohnbebauung, Dissertation, Baden-Baden 1999, zit.: Graulich

Hansmann, Klaus: Landmann/Rohmer – Umweltrecht Kommentar, Band 1, Stand: 41. Lieferung, München 2003, zit.: Landmann/Rohmer

Hauth, Michael: Das Gebot der Rücksichtnahme – vom Irrgarten in die Sackgasse, BauR 1993, 673

Hendrischke, Oliver: Landwirtschaft im Bauplanungsrecht – Rahmenbedingungen landwirtschaftlicher und alternativer Landnutzung unter besonderer Berücksichtigung des Außenbereichs, Dissertation, Baden-Baden 2002, zit.: Hendrischke

Hösch, Ulrich: Der Begriff der schädlichen Umwelteinwirkung und das Gebot der Rücksichtnahme im Bauplanungsrecht, GewArch 1999, 402

Hoffmann, Martin: Wegfall der „Atypik" bei der planungsrechtlichen Befreiung gemäß § 31 Abs. 2 BauGB?, BauR 1999, 445

Hoppe, Werner/Bönker, Christian/Grotefels, Susan: Öffentliches Baurecht – Bauplanungsrecht, Bauordnungsrecht und Grundzüge des Raumordnungsrechts, 2. Auflage, München 2002, zit.: H/B/G

Hoppe, Werner/Beckmann, Martin/Kauch, Petra: Umweltrecht, 2. Auflage, München 2000, zit.: Hoppe/Beckmann/Kauch

Hoppe, Werner: Blockinnenbebauung im nicht beplanten Innenbereich (§ 34 Abs. 1, Abs. 2 BauGB), BauR 2004, 607

Hoppenberg, Michael/de Witt, Siegfried: Handbuch des öffentlichen Baurechts, Band 1, Band 2, Stand: 13. Lieferung, München 2003, zit.: Hoppenberg/de Witt

Jäde, Henning/Dirnberger, Franz/Weiß, Josef: Baugesetzbuch, Baunutzungsverordnung Kommentar, 3. Auflage, Stuttgart u.a. 2002, zit.: J/D/W

Jäde, Henning: Das bauplanungsrechtliche Rücksichtnahmegebot, JuS 1999, 961

Jarass, Hans D.: Bundesimmissionsschutzgesetz Kommentar, 5. Auflage, München 2002, zit.: Jarass, BImSchG

Ders.: Drittschutz im Umweltrecht, in: Festschrift für Rudolf Lukes zum 65. Geburtstag, Köln u.a. 1989, 57, zit.: Jarass, FS Lukes

Kleinlein, Kornelius: Zur Aufgabenverteilung zwischen Bebauungsplanung und Baugenehmigungsverfahren – Zugleich Anmerkung zu den Urteilen des BVerwG vom 11.3.1988 und vom 4.5.1988, DVBl. 1989, 184

Koch, Hans-Joachim/Scheuing, Dieter H./Pache, Eckhard: Gemeinschaftskommentar zum Bundes-Immissionsschutzgesetz, Stand: 13. Lieferung, Düsseldorf 2003, zit.: GK-BImSchG

Koch, Hans-Joachim/Hendler, Reinhard: Baurecht, Raumordnungs- und Landesplanungsrecht, 3. Auflage, Stuttgart u.a. 2001, zit.: Koch/Hendler

Koch, Hans-Joachim: Umweltrecht, Neuwied u.a. 2002, zit.: Koch, Umweltrecht

König, Helmut/Roeser, Thomas/Stock, Jürgen: Baunutzungsverordnung, München 1999, zit.: K/R/S

Kraft, Ingo: Entwicklungslinien im baurechtlichen Nachbarschutz, VerwArch 89 (1998), 264

Krebs, Walter: Öffentlich-rechtlicher Drittschutz im Bauplanungsrecht, in: Planung, Festschrift für Werner Hoppe zum 70. Geburtstag, München 2000, 1055, zit.: Krebs, FS Hoppe

Lenz, Wolfgang: Standortsicherung für Betriebe der gewerblichen Wirtschaft – Die Bildung von Mittelwerten in Grenzbereichen, BauR 1990, 15

Mampel, Dietmar: Nachbarschutz im öffentlichen Baurecht, Herne u.a. 1994, zit.: Mampel, Nachbarschutz

Ders.: Der Gebietserhaltungsanspruch im Streit der Meinungen, BauR 2003, 1824

Ders.: Art. 14 GG fordert sein Recht, NJW 1999, 975

Ders.: Modell eines neuen Drittschutzes im unbeplanten Innenbereich – Zur verfassungsrechtlichen Notwendigkeit der Neuordnung des Nachbarschutzes im unbeplanten Innenbereich, BauR 1999, 854

Ders.: Modell eines neuen bauleitplanerischen Drittschutzes – Zur verfassungsrechtlichen Notwendigkeit der Neuordnung des Nachbarschutzes durch Festsetzungen eines Bebauungsplans, BauR 1998, 697

Marburger, Peter: Ausbau des Individualschutzes gegen Umweltbelastungen als Aufgabe des bürgerlichen und des öffentlichen Rechts, Gutachten C, in: Verhandlungen des sechsundfünfzigsten Deutschen Juristentages, Band 1, München 1986, zit.: Marburger

Maunz, Theodor/Dürig, Günter: Grundgesetz Kommentar, Stand: 42. Lieferung, München 2003, zit.: Maunz/Dürig

Maurer, Hartmut: Allgemeines Verwaltungsrecht, 14. Auflage, München 2002, zit.: Maurer

Muckel, Stefan: Der Nachbarschutz im öffentlichen Baurecht – Grundlagen und aktuelle Entwicklungen, JuS 2000, 132

Nickel, Thomas: Seniorenpflegeheime in Gewerbegebieten? – Da im Gewerbegebiet nicht gewohnt werden soll, sind in ihm Seniorenpflegeheime typischerweise wegen der wohnähnlichen Unterbringung der betreuten Personen unzulässig, IBR 2002, 639

Nies, Volkmar: Landwirtschaftliches Bauen im Außenbereich – Bauplanungs- und umweltrechtliche Anforderungen an die Genehmigung landwirtschaftlicher Bauvorhaben, Münster 2000, zit.: Nies

Peine, Franz-Joseph: Das Gebot der Rücksichtnahme im baurechtlichen Nachbarschutz, DÖV 1984, 963

Petersen, Frank: Schutz und Vorsorge – Strukturen der Risikoerkenntnis, Risikozurechnung und Risikosteuerung der Grundpflichten im Bundesimmissionsschutzgesetz, Berlin 1993, zit.: Petersen

Redeker, Konrad: Das baurechtliche Gebot der Rücksichtnahme, DVBl. 1984, 870

Schlichter, Otto/Stich, Rudolf/Driehaus, Hans-Joachim/Paetow, Stefan: Berliner Kommentar zum Baugesetzbuch, Band 1, 3. Auflage, Köln u.a. 2002, zit.: Berliner Kommentar

Schlichter, Otto: Schutznormtheorie und nachbarschützende Festsetzungen im Bebauungsplan, in: Planung, Festschrift für Werner Hoppe zum 70. Geburtstag, München 2000, 1031, zit.: Schlichter, FS Hoppe

Schmidt, Reiner: Einführung in das Umweltrecht, 6. Auflage, München 2001, zit.: Schmidt, Umweltrecht

Schmidt-Eichstaedt, Gerd: Die Befreiung im Spannungsfeld zwischen Bauleitplanung und Einzelfallentscheidung – Ist eine Begrenzung der Befreiung nach § 31 Abs. 2 BauGB auf den „atypischen Sonderfall" gerechtfertigt?, DVBl. 1989, 1

Schmidt-Preuß, Matthias: Kollidierende Privatinteressen im Verwaltungsrecht, Berlin 1992, zit.: Schmidt-Preuß, Privatinteressen

Ders.: Anmerkung zum Urteil des BVerwG vom 24.9.1998, DVBl. 1999, 103

Ders.: Anmerkung zum Urteil des BVerwG vom 16.9.1993, DVBl. 1994, 288

Schmitt Glaeser, Walter/Horn, Hans-Detlef: Verwaltungsprozessrecht, 15. Auflage, Stuttgart u.a. 2000, zit.: Schmitt Glaeser/Horn

Schoch, Friedrich/Schmidt-Aßmann, Eberhard/ Pietzner, Rainer: Verwaltungsgerichtsordnung Kommentar, Stand: 9. Lieferung, München 2003, zit.: Schoch/Schmidt-Aßmann/Pietzner

Schrödter, Hans: Baugesetzbuch Kommentar, 6. Auflage, München 1998, zit.: Schrödter-Bearbeiter

Seidel, Achim: Öffentlich-rechtlicher und privatrechtlicher Nachbarschutz, München 2000, zit.: Seidel

Sparwasser, Reinhard/Engel, Rüdiger/Voßkuhle, Andreas: Umweltrecht, 5. Auflage, Heidelberg 2003, zit.: Sparwasser/Engel/Voßkuhle

Stüer, Bernhard: Der Bebauungsplan, Städtebaurecht in der Praxis, 2. Auflage, München 2001, zit.: Stüer, Der Bebauungsplan

Ders.: Handbuch des Bau- und Fachplanungsrechts, Planung – Genehmigung – Rechtsschutz, 2. Auflage, München 1998, zit.: Stüer, Handbuch des Bau- und Fachplanungsrechts

Ders.: BauNVO – Normenkontrolle – Städtebaurecht 2000-2003 – Rechtsprechungsbericht, DVBl. 2004, 83

Theis, Christoph: Abwehrmöglichkeiten der Nachbarn gegen das Einfügungsgebot des § 34 Abs. 1 BauGB verletzende Baugenehmigungen trotz Aussichtslosigkeit der Nachbarklage bei Gericht, BauR 2004, 1703

Voß, Rainer/Buntenbroich, Lothar: Das neue Baurecht in der Praxis – Das BauGB nach Einführung des BauROG, Köln 2000, zit.: Voß/Buntenbroich

Wahl, Rainer: Die doppelte Abhängigkeit des subjektiven öffentlichen Rechts, DVBl. 1996, 641

Ders.: Der Nachbarschutz im Baurecht, JuS 1984, 577

Weyreuther, Felix: Bauen im Außenbereich, Köln u.a. 1979, zit.: Weyreuther, Bauen im Außenbereich

Ders.: Die Bedeutung des Eigentums als abwägungserheblicher Belang bei der Planfeststellung nach dem Bundesfernstraßengesetz, DÖV 1977, 419

Ders.: Rechtliche Bindung und gerichtliche Kontrolle planender Verwaltung im Bereich des Bodenrechts, BauR 1977, 293

Ders.: Das bebauungsrechtliche Gebot der Rücksichtnahme und seine Bedeutung für den Nachbarschutz, BauR 1975, 1

Wilke, Dieter: Die juristische Konstruktion der bebauungsrechtlichen Befreiung in der Rechtsprechung des Bundesverwaltungsgerichts, in: Festschrift für Konrad Gelzer zum 75. Geburtstag, Düsseldorf 1991, 165, zit.: Wilke, FS Gelzer

Wolff, Hans J./Bachof, Otto/Stober, Rolf: Verwaltungsrecht, Band 1, 11. Auflage, München 1999, zit.: Wolff/Bachof/Stober

Peter Lang · Europäischer Verlag der Wissenschaften

Nadine Thorand

Die Integration des Lärmschutzes in die Bauleitplanung

Eine kritische Untersuchung

Frankfurt am Main, Berlin, Bern, Bruxelles, New York, Oxford, Wien, 2004.
XIX, 232 S.
Europäische Hochschulschriften: Reihe 2, Rechtswissenschaft. Bd. 3898
ISBN 3-631-52065-4 · br. € 45.50*

Im Mittelpunkt der Arbeit steht die Frage, ob der Lärmschutz gleich den in § 1 a Abs. 2 BauGB aufgezählten umweltrechtlichen Belangen in die Bauleitplanung integriert werden soll. Den Ausgangspunkt bilden diesbezügliche rechtspolitische Überlegungen des Bundesministeriums für Verkehr, Bau- und Wohnungswesen. Die Integration des Lärmschutzes soll die Schaffung nutzungsgemischter Siedlungsstrukturen ermöglichen, um so das große Verkehrsaufkommen und die damit verbundenen Umweltbelastungen zu reduzieren. Die Arbeit setzt sich kritisch mit diesem Novellierungsvorschlag auseinander. Dabei werden unter anderem die rechtliche Zulässigkeit der Integration, die Auswirkungen auf den Lärmschutz und die Möglichkeit der Verbesserung der Umweltsituation insgesamt untersucht.

Aus dem Inhalt: Die Integration ökologischer Belange in die Bauleitplanung · Das Verhältnis von Bauleitplanung und Lärmschutz nach geltender Rechtslage und daraus resultierende Konflikte · Die rechtliche Umsetzung des Integrationsansatzes und ihre Konsequenzen für den Lärmschutz in der Abwägung · Ist der Lärmschutz als weiterer ökologischer Belang in die Bauleitplanung zu integrieren?

Frankfurt am Main · Berlin · Bern · Bruxelles · New York · Oxford · Wien
Auslieferung: Verlag Peter Lang AG
Moosstr. 1, CH-2542 Pieterlen
Telefax 00 41 (0) 32 / 376 17 27

*inklusive der in Deutschland gültigen Mehrwertsteuer
Preisänderungen vorbehalten

Homepage http://www.peterlang.de

www.ingramcontent.com/pod-product-compliance
Ingram Content Group UK Ltd.
Pitfield, Milton Keynes, MK11 3LW, UK
UKHW020711041026
15590UKWH00002B/607

9 783631 540800